Paul-Werner Scheele

Halleluja – Amen

BONIFATIUS /Kontur
Band 8083

Zum Buch:

Erneut legt der Bischof von Würzburg diese seit längerem vergriffene Sammlung von Gebeten und Meditationstexten aus dem Judentum vor. Großer geistig-geistlicher Reichtum zeichnet diese Gebete aus, die der Herausgeber den Gebetsrufen „Halleluja" und „Amen" zuordnet. Beide charakterisieren das Beten Israels, aber auch das des heutigen kirchlichen Stundengebets, dessen Wurzeln bis zu den israelitischen Gebeten zurückreichen. So spannt sich ein großer Bogen vom alten Israel bis zum Gebetsleben heutiger Zeit.

Zum Herausgeber:

Professor Dr. Paul-Werner Scheele wurde 1928 in Olpe geboren. Seit 1979 ist er Bischof von Würzburg.

Paul-Werner Scheele

Halleluja
Amen

Gebete Israels
aus drei Jahrtausenden

BONIFATIUS
Druck · Buch · Verlag
PADERBORN

Imprimatur. Paderbornae, d. 22. m. Augusti 1994.
Nr. A 58-22.3 / 363. Vicarius Generalis i. V. Dr. Schmitz

Die Deutsche Bibliothek – CIP-Einheitsaufnahme

Scheele, Paul-Werner
Halleluja – Amen : Gebete Israels aus drei Jahrtausenden /
Paul-Werner Scheele. – 2., überarb. Aufl. – Paderborn :
Bonifatius, 1996
   (Bonifatius Kontur ; Bd. 8083)
   ISBN 3-87088-808-3
NE: GT

2., überarbeitete Auflage 1996

ISBN 3-87088-808-3

© 1974 by Bonifatius GmbH Druck · Buch · Verlag Paderborn

Gesamtherstellung:
Bonifatius GmbH Druck · Buch · Verlag Paderborn

Inhalt

Vorwort   7

Das gemeinsame Halleluja – Amen   8

HALLELUJA

   I. Jahwe allein 26
  II. Der Heilige 43
 III. Der Helfer 55
 IV. Der Herr Israels 66
  V. Der Herr aller Völker 81

AMEN

   VI. Ja zum lebendigen Gott 96
  VII. Ja zu Gottes Wort 114
 VIII. Ja zum Gottesbund 125
   IX. Ja zu Gottes Gesetz 138
    X. Ja zum kommenden Gottesreich 149

Abkürzungen 168

Quellen und Notizen 169

Vorwort

„Du sollst wissen: Nicht du trägst die Wurzel, sondern die Wurzel trägt dich" (Röm 11,19). Wie für unseren Glauben gelten diese Worte des Völkerapostels auch für unser Beten, ist dieses doch wesenhaft sprechender und liebender Glaube. Christliches Beten ist seit eh und je im Beten des Volkes Israel verwurzelt. Damit ist mehr gemeint als ein geschichtliches Nacheinander. Bis zur Stunde gewinnt das christliche Beten an Profil, Kraft und Dynamik, wenn es sich vom Beten Israels inspirieren läßt. Vielen ist das im Blick auf den biblischen Psalter durchaus bewußt. Tag für Tag bilden die Psalmen der Heiligen Schrift ein wesentliches Element der christlichen Liturgie und formen so in immer neuer Aktualisierung das christliche Leben und Beten.

Weniger wird wahrgenommen und noch weniger bedacht, daß auch das durch die Jahrhunderte bis zur Gegenwart praktizierte Beten Israels für die Christen von vitaler Bedeutung ist. In bewegender Weise spiegelt sich in ihm wider, was Paulus zu den bleibenden Gütern der Israeliten zählt: die Sohnschaft, die Herrlichkeit, der Bund, das Gesetz, der Gottesdienst, die Verheißung, die Väter (vgl. Röm 9,4). Das von diesen Gottesgaben geprägte Gebet kann in spezifischer Weise bewußtmachen, was Baal Schem jedem Menschen ans Herz legt: Jeder „soll stets dessen eingedenk sein und mit der ganzen Kraft seines Glaubens daran glauben, daß die Herrlichkeit Gottes in seiner Nähe ist und ihn behütet und daß der Schöpfer und er einander ins Auge sehen".

Damit sind die Intentionen des hier vorgelegten Buches angedeutet. Sie werden in dessen ersten Teil ausführlich zur Sprache gebracht. Nachdem das vor 20 Jahren erstmals erschienene Werk seit längerem vergriffen ist, wird es nunmehr in verbesserter Gestalt erneut auf den Weg gebracht. Möge es die Gewißheit stärken, die Paulus in die Worte faßt: „Unwiderruflich sind Gnade und Berufung, die Gott gewährt" (Röm 11,29). Möge es dazu beitragen, daß immer mehr „im Geist und in der Wahrheit" (Joh 4,23f.) gebetet wird.

† Paul-Werner Scheele

Das gemeinsame Halleluja – Amen

Es sei dahingestellt, ob P. Teilhard de Chardin aufs Ganze gesehen recht hat, wenn er erklärt: „Alles, was aufsteigt, strebt zusammen." Gewiß gilt dieses Prinzip für das menschliche Beten. Das „aufsteigende Verlangen" – so umschreibt Johannes Damaszenus das Beten[1] – bleibt nicht vergeblich. Wo immer „im Geist und in der Wahrheit"[2] gebetet wird, bahnt sich *Einigung* an: Einigung mit dem Herrn, dem Antwort gegeben wird, aber auch mit den Mitmenschen, die auf ihre Weise dasselbe Ziel anstreben. Was immer an echtem Gebet verwirklicht wird, ist ein lebendiges Element der Vereinigung. Wem an der Einheit der Glaubenden und darüber hinaus an der Einheit aller Menschen gelegen ist, wird sich daher um das Beten kümmern müssen, zunächst um den eigenen existentiellen Vollzug, sodann um das Bemühen der anderen. Dabei kommt dem Gebete Israels besondere Bedeutung zu. Das gilt zunächst für die Texte, die im Alten Testament überliefert sind. Viele von ihnen haben das christliche Beten inspiriert und bleibend geprägt. Jesus hat sie sich zu eigen gemacht. Am Kreuz noch wendet er sich mit Psalmworten an den himmlischen Vater. Zu seiner Nachfolge gehört seit eh und je der lebendige Kontakt mit der konkreten und bestimmten Welt des Gebetes, in der er gelebt hat. Dem entspricht es, daß die Psalmen des Alten Bundes im täglichen Beten der Kirche eine zugleich fundamentale und zentrale Position einnehmen.

Weniger beachtet wurden bislang die ungezählten Gebete, die – aus der Wurzel des alten Israel hervorgegangen – im nachbiblischen Judentum Gestalt und Geltung fanden. Bis in unsere Tage lebt und wirkt in ihnen der Geist, der den Alten Bund bestimmte. Zwei Grundworte signalisieren das: die Gebetsrufe „Halleluja" und „Amen". Dem Alten Testament entnommen, charakterisieren sie das Beste des nachbiblischen Betens Israels. Daß sie zugleich

---

[1] Johannes von Damaskus, Genaue Darlegung des orthodoxen Glaubens III, 24.
[2] Joh 4,23.

zum Urbestand christlichen Betens gehören und überdies ausdrücklich dem Geschehen der Endzeit zugewiesen sind,[3] läßt eine vitale Beziehung vermuten, die niemand ungestraft vernachlässigt.

DAS HALLELUJA ISRAELS

Im Halleluja haben wir eine Kurzformel des Glaubens und Lebens Israels vor uns. Sein Appell: *„Preiset Jah(we)!"* rückt das Einzigartige der alttestamentlichen Offenbarung in den Blickpunkt und fordert dazu auf, sich ganz nach ihm auszurichten. Im Psalter, in den sogenannten Oden Salomos und in der jüdischen Liturgie als Überschrift und als Unterschrift gebraucht, kann es bewußtmachen, daß es am Anfang und am Ende des jüdischen Betens um Jahwe geht, mehr noch, daß alles von ihm kommt und auf ihn bezogen ist. Deshalb stellt das Beten Israels mehr als irgendeine Frömmigkeitsübung dar, es ist sein Wesenselement, Teil seines Lebensvollzugs, Existential im Vollsinn des Wortes. In der Mitte des jüdischen Glaubens steht nicht irgendeine neue Doktrin. „Die große Tat Israels ist nicht, daß es den einen wirklichen Gott lehrte, der Ursprung und Ziel alles Wesens ist, sondern daß es die Anredbarkeit dieses Gottes als Wirklichkeit zeigte, das Du-sagen zu ihm, das Mit-ihm-Angesicht-in-Angesicht-stehn, den Umgang mit ihm ... Gott in aller Konkretheit als Sprecher, die Schöpfung als Sprache: Anruf ins Nichts und Antwort der Dinge durch ihr Erstehn, die Schöpfungssprache dauernd im Leben aller Kreaturen, das Leben jedes Geschöpfs als Zwiegespräch, die Welt als Wort, – das kundzugeben war Israel da. Es lehrte, es zeigte: Der wirkliche Gott ist der anredbare, weil anredende, Gott."[4] Israel ist der Überzeugung, daß der eine Herr, den unendlich viele von Menschen ersonnene Namen anzielen, seinen wahren Namen und so sich selbst offenbart hat. Er hat sein Wesenswort ausgesprochen. Damit ermöglicht und fordert er eine Antwort, die auf seine Wesensart eingeht und das eigene Wesen mit in diese Bewegung hineinnimmt. Was das für das jüdische Beten, und was dieses wiederum

---

[3] Offb 19.
[4] B III 742 f.

für alle Mitmenschen bedeutet, kann das Exoduskapitel bewußtmachen, in dem die Offenbarung Jahwes an Mose und so an Israel und an die Menschheit bezeugt ist:[5]
Mose hütet in der Einsamkeit die Schafe, als er einen Dornbusch
hellauf brennen und doch nicht verbrennen sieht. Als er nähertritt,
vernimmt er „mitten aus dem Dornbusch": „Mose, Mose!" Er
antwortet: „Hier bin ich."[6] Am Anfang steht nicht irgendeine Aussage Gottes über sich selbst, sondern die *persönliche* Anrede des
Menschen. In dem Maße, wie dieser sich anschickt, Antwort zu
geben, wird er fähig, Weiteres zu vernehmen.
Gott ruft dabei nicht aus der Welt heraus, in der Mose sich findet.
Er zeigt ihm die Situation seines Volkes auf und beauftragt ihn,
Hilfe zu leisten. Die Berufung sondert nicht ab, um über diese oder
jene Wahrheit ins Bild zu setzen, sie ist keine Erleuchtung über die
Hintergründe der Wirklichkeit und den Weg, ihren Gesetzen zu
entkommen (wie Buddha meinte) oder ihnen zu entsprechen (wie
es etwa die Stoa forderte). Die persönliche Anrede weist Mose auf
die *Geschichte* seines Volkes und möchte ihn ihr tiefer verpflich-
ten, ihn inniger hineinbinden, wie sie den Herrn als den erkennen
läßt, der sich aus freien Stücken in sie hineinbegibt.
„Gar wohl habe ich das Elend meines Volkes gesehen ... Ich kenne sein Leid!" heißt es in Ex 3,7.[7] Gott nimmt persönlich Anteil am
Schicksal seines Volkes, mehr noch, er nimmt teil und möchte tiefer, weiter, „menschlicher" teilnehmen: „Darum bin ich jetzt her-
abgestiegen, um es zu befreien."[8]
Mose darf nicht nur um die neue Initiative Gottes wissen, er soll
dabei *mitwirken*. Es gehört zum Herabsteigen Gottes in den Raum
und die Gesetze der Geschichte, daß er durch den Menschen han-
delt. Sein Berufen ist Senden, Beschenken und Bevollmächtigen.
Dem Zurückscheuenden verheißt er seine *Gemeinschaft*: „Ich
werde mit dir sein!"[9] „Ich werde dir beim Sprechen helfen und

---

[5] Ex 3.
[6] Ex 3,1-4.
[7] Ähnlich 3,9 u. 16.
[8] Ex 3,8, ähnlich 3,17 u. 20.
[9] Ex 3,12.

dich lehren, was du reden sollst!"[10] Damit ist zugleich eine Grundgesetzlichkeit des Betens berührt. Es ist nicht so, daß Gott redet und der Mensch dann aus sich heraus Antwort gibt. Auch im Innern des Menschen muß Gott wirksam werden, wenn es zur rechten Antwort kommen soll. So ist das schockierende Wort des chassidischen Zaddik zu verstehen: „Die Menschen meinen, sie beten vor Gott, aber es ist nicht so, denn das Gebet selber ist Gottheit."[11] Angeredetwerden ist Gnade, und Antworten ist es. Das Gebet braucht nicht nur einen göttlichen Anstoß, es bedarf immerzu des belebenden göttlichen Atems. Gott ist es, der es in den Betern „erweckt und ihnen die Kraft dazu verleiht. So ist denn, was sie beten, Gottes Gebet."[12]

In der Verheißung: „Ich werde mit dir sein"[13] klingt bereits der Name an, den Mose sodann erfährt. Mit der Kundgabe seines Namens zeigt der Herr, daß er nicht dieses und jenes offenbaren und so schenken will, sondern sich selbst. „Daß Gott es wagt, den Menschen seinen Namen auszuliefern, ist Zeichen höchster Gnade, Liebe, Selbsthingabe, unweigerlich ist mit der traditio nominis Gott selber tradiert ... So verstand Israel die Gnade, daß es den Namen seines Gottes kennen darf, als ein Unterpfand seiner Gegenwart, etwas wie ein Sakrament, wie die eucharistische Gegenwart Christi im Neuen Bund."[14]

Dem Geheimnischarakter des Jahwenamens entspricht es, daß seine genaue Übersetzung bis zur Stunde umstritten ist. Selbst gleichlautende Formulierungen werden unterschiedlich interpretiert. So deuten die einen das „Ich bin, der ich bin" als eine „Aussage, welche die Auskunft verweigert"[15]: „Ich bin der Geheimnisvolle und will es bleiben."[16] Andere finden im: „Ich bin, der ich bin" das Ursein und den Urgrund allen Seins ausgesprochen.

---

[10] Ex 4,12.
[11] B III 29; vgl. 243.
[12] B III 591.
[13] Ex 3,12.
[14] H. U. von Balthasar, Herrlichkeit III, 2, I. Teil, Einsiedeln 1967, 61.
[15] L. Köhler, Theologie des Alten Testaments, Tübingen ³1953, 234.
[16] E. Brunner, Dogmatik I, Zürich 1946, 125.

Mehr Anhänger hat die Interpretation: „Ich bin da": „Ich bin wirklich und wahrhaftig da, bin bereit, zu helfen und zu wirken, wie
ich es von jeher war."[17] Martin Buber akzentuiert mehr das
Zukünftige: Jahwe ist „der dasein wird"[18]. Ähnlich interpretiert
bereits Jehuda Halevi:[19] „‚Ich werde dasein'...: daß ich mich von
ihnen finden lassen werde zur Zeit, da sie mich suchen. Und sie
mögen nicht nach einem größeren Erweis suchen als dem, daß ich
mich bei ihnen finden lasse! Und so werden sie mich empfangen."[20]
„Ich werde mit dir sein!"[21] – Das ist (auch) *Inbegriff des Bundes,*
den Gott seinem Volke anbietet. Hier klingt auf, was noch oft als
Sinn und Ziel der Initiative Gottes genannt wird: „Ich will euer
Gott sein, und ihr sollt mein Volk sein."[22] „Im Grunde kann der
ganze israelische Glaube zusammengefaßt werden in der einen
Aussage: Jahwe ist der Gott Israels und Israel Jahwes Volk."[23]
Der Halleluja-Ruf: „Preiset Jah(we)!" ergeht deshalb an alle. Jeder
soll im Ganzen seines Lebens mit ganzer Kraft als Glied des Volks-
ganzen aktiv werden. Jüdisches Beten ist daher wesenhaft Ganz-
heits- *und Gemeinschaftstun.* Auch wenn es jeweils nur in einer
bestimmten Situation verwirklicht werden kann, gehört es zum
Ganzen des Lebenslaufes. Entsprechend begleitet die offizielle jüdische Gebetsordnung den Tages- wie den Jahreskreis. Im Menschen sollen wie in der Natur die gegensätzlichsten Gegebenhei-
ten Jahwe verherrlichen: Licht und Dunkel, Feuer und Wasser, Hit-
ze und Kälte sind aufgerufen, den Herrn zu preisen.[24] Alle mögli-
chen Gedanken können und sollen in die Gebetsbewegung hin-
eingenommen werden. Natürlich bleibt kaum einem erspart, daß
ihm Vorstellungen und Überlegungen durch den Kopf gehen, die

---

[17] W. Eichrodt, Theologie des Alten Testaments I, Berlin ³1948, 88.
[18] B II 64.
[19] Vgl. *[16]* u. *[57]*.
[20] Kusari IV,3, in: B II 623.
[21] Ex 3,12.
[22] Ex 6,7; Lev 26,12; Dtn 26,17f.; Jer 7,23 u. a.
[23] H. Küng, Die Kirche, Freiburg 1967, 142; vgl. *[149]*.
[24] Dan 3.

das Beten stören, wenn nicht gar zerstören können. Chassidische Weisheit lehrt, diese nicht zu unterdrücken, sie vielmehr einzubeziehen in das Gebetsgeschehen und sie so zu verwandeln: „Wenn der Mensch im Gebet steht und begehrt, sich an das Ewige zu schließen, und die fremden Gedanken kommen und fallen: Heilige Funken sind es, die gesunken sind und von ihm erhoben und erlöst werden wollen; und die Funken sind ihm zugehörig, der Wurzel seiner Seele verschwistert: Seine Kräfte sind es, die er erlösen soll."[25] Baalschem braucht ein noch kühneres Bild, wenn er erklärt: „Auch wenn viele fremde Gedanken in dir aufsteigen, Gewänder und Decken sind sie, hinter denen der Heilige, gesegnet sei Er, sich verbirgt, und wenn du darum weißt, ist keine Verborgenheit mehr."[26]

Allenthalben ist Jahwe am Werk, allenthalben ruft er nach Mitwirkenden. Er nimmt sie überall und ganz in Anspruch. Je besser einer betet, um so mehr weiß er, daß er es nicht so fertigbringt, wie es sein müßte. Deshalb ist jeder je neu aufgefordert, sich mit ganzer Seele und mit allen Kräften ins Gebet hineinzugeben. Demgemäß lehrt Rabbi Mose von Kobryn: „Wenn du ein Wort vor Gott sprichst, geh du mit allen deinen Gliedern in dein Wort ein". Als ihm der Einwand gemacht wird: „Wie soll das möglich sein, daß der große Mensch in das kleine Wort hineinkomme?", lautet seine vielsagende Antwort: „Wer sich größer dünkt als das Wort, von dem reden wir nicht."[27]

Das immer wieder spürbare Versagen des einzelnen vor so hohen Ansprüchen läßt nach der Hilfe der *Gemeinschaft* ausschauen. Genaugenommen ist das Beten ohne diese überhaupt nicht möglich. Auch der einsame Beter ist nach jüdischer Überzeugung Glied des Ganzen. Baalschem hat das gelegentlich in einem originellen Bild deutlich gemacht: Er schilderte eine Gruppe von Männern, die einen kostbaren Vogel aus einem hochgelegenen Nest herunterholen wollten. Das geschah so, „daß immer einer auf die Schultern

---

[25] B III 37.
[26] B III 63; vgl. 182.
[27] B III 559.

des andern trat, bis der zuoberst Stehende hoch genug langen konnte, um das Nest zu nehmen. Es dauerte lang, die lebende Leiter zu bilden."[28] Nur wenn der Beter zur lebenden Leiter gehört, kommt sein Bemühen ans Ziel. „Ein Gebet, das nicht im Namen ganz Israels gesprochen wird, ist kein Gebet."[29] Demgemäß lautet die Weisung: „Wenn der Mensch betet, und sei's auch allein in seiner Kammer, soll er sich erst mit ganz Israel verbinden, und so ist es in jedem wahren Gebet die Gemeinschaft, die betet."[30] Wie nach jüdischem Glauben Gottes- und Volksgemeinschaft untrennbar verknüpft sind, so sollen sie es im Gebet sein. Allein im gelebten Wir des Gottesvolkes wird man empfänglich für das Wir, das Gott und Menschen umschließen soll; allein so kann das Amen gesprochen werden, auf das alles ankommt.

DAS AMEN ISRAELS

Das neue Wort, das Gott in die Menschheitsgeschichte hineinspricht, verlangt eine neue Antwort. Einige Sprüche oder einzelne Aktionen reichen dazu nicht aus. Eine Antwort ist gefordert, die den ganzen Menschen und sein ganzes Leben umfaßt. Gottes schöpferisches Wort will eine neue Existenz ermöglichen; diese wird verwirklicht, wenn der Angesprochene nach Kräften mitmacht, wenn er sein persönliches Ja zu dem ihn persönlich betreffenden Handeln Gottes sagt. Die Bibel nennt dieses entscheidende Tun *Glauben*. Wir dürfen es nicht verwechseln mit den verschiedenen Handlungen und Haltungen, die man heutzutage Glauben nennt. Glauben gemäß der Heiligen Schrift ist nicht ein vages Meinen, das im Unterschied zum festen Wissen unsicher im dunkeln tappt; ebensowenig ist es ein religiöses Streben, das, von menschlicher Kraft getrieben, über die vordergründige Welt hinausdringt; Glauben ist auch nicht das intellektuelle Akzeptieren einiger

---

[28] B III 170.
[29] B III 244.
[30] B III 671; vgl. *[159]*.

Lehrsätze. Alles das geht nicht weit und nicht tief genug. Glauben im Sinne Israels ist ein ganzheitliches Eingehen auf den sich offenbarenden Herrn, ist ein umfassendes, tätiges Ja zu seinem Handeln, es meint ein radikales Gründen im Reden und Tun des Herrn und die Bereitschaft, ihm uneingeschränkt Folge zu leisten, kurzum: Glauben heißt mit ganzer Kraft *Amen* sagen.

Amen bedeutet: Es steht fest, es gilt. Wie das hebräische Wort he'emin, das wir mit „glauben" übersetzen, hängt es zusammen mit der Wurzel aman = fest sein. Wer Amen sagt, will etwas bekräftigen. Er bestätigt eine Aussage und erklärt sich bereit, ihrem Anspruch zu gehorchen. Mehr noch als im Alten Testament begegnet uns das Amen im nachbiblischen Judentum. „Es war das Bekenntnis zum Lobe Gottes, das der Gemeinde angetragen war und das die Gemeinde in ihrer Antwort für sich festmachte. Und es war das Bekenntnis zum Segen Gottes, der der Gemeinde zugesprochen war, und den sie in ihrem Amen für sich wirksam machte. Von einzelnen außerhalb des Gottesdienstes erwartete man das ‚Amen' auf jedes Gebet oder Lob Gottes, das ein anderer sprach. Indem man es mit Amen beendete, schloß man sich ihm an."[31] Somit bedeutet das Amen gleicherweise eine *Solidarisierung* mit dem Ausgesprochenen wie mit dem Sprecher. Wiederum zeigt sich, wie eng im Denken und Beten Israels einzelner und Gemeinschaft verbunden sind. Ein weiterer Bezug zeichnet sich in einem Wort des Rabbi Jehuda ab, das um 150 anzusetzen ist. Es heißt: „Wer Amen! antwortet in dieser Welt, der ist würdig, Amen! zu antworten in der zukünftigen Welt. Woher? Weil es heißt: Gepriesen sei Jahwe-Elohim, der Gott Israels, von einem Äon bis zum anderen. Amen! Amen! Amen! in dieser Welt und Amen! in der zukünftigen Welt."[32] Hier wird die Überzeugung bekundet, daß das rechte Amen die Zeit überdauert und sich sogar in der kommenden Herrlichkeit noch auswirkt.

Damit klingt das Motiv der *Treue* an. Es bestimmt das gesamte

---

[31] H. Schlier, in: G. Kittel (Hg.), Theologisches Wörterbuch zum Neuen Testament I, Stuttgart 1933, 339.
[32] SB IV, 822.

Handeln Gottes, also muß es auch die menschliche Antwort be-
seelen. Aus dieser Erkenntnis heraus kann Baruch Graubard kur-
zerhand erklären: „. . . was für mich Religion bedeutet, ist Treue".
Ähnlich lapidar sagt er: „Was ist Amen? Amen ist Treue."[33] Diese
Überzeugung begegnet uns bereits im babylonischen Talmud. Im
Traktat Schabbat lesen wir: „Jedem, der mit all seiner Kraft antwortet: Amen, dem öffnen sie die Tore des Paradieses, denn es
heißt: Öffnet die Tore, daß ein bewährtes Volk komme, das Treue
hält! Lies nicht: das Treue hält, sondern: das Amen sagt! Was bedeutet Amen? Rabbi Chanina sagte: Gott, ein treuer König."[34]
In der Sprache des jüdischen Volkes „sind Treue, Wahrheit und
Glaube ein und dasselbe Wort". Immer geht es um die „große
Treue: die Treue gegen den Grund unseres Lebens, die Treue gegen das Gebot, das jeden Tag zu uns spricht, die Treue gegen das,
was von uns ausgeht, was werden und weiterreichen soll."[35]
Das ist etwas ganz anderes als Treue zu einem Prinzip. Diese kann
starr und kalt, unlebendig und unfruchtbar sein. Die Treue, die
Jahwe gebührt, ist blut- und glutvoll, sie ist beständig und beständig neu. Das ihr gemäße Gebet klammert sich nicht an überkom-
mene Worte, es müht sich vielmehr darum, das je neu vernehm-
bare Wort Gottes je neu zu beantworten. Ohne die Bereitschaft,
sich stets aufs neue dem Wort Gottes zu stellen, kommt es nicht
zum rechten Beten. „Wenn wir nicht glauben, daß Gott an jedem
Tag das Werk der Schöpfung erneut, dann wird uns unser Beten
und Geboteerfüllen alt und gewohnt und überdrüssig."[36] Wie
konkret das verstanden wurde, zeigt der Bericht über einen Zaddik, der im Morgendämmern „voll der Angst und des Zitterns" am
Fenster stand und rief: „Vor einer kleinen Stunde war noch Nacht,
und jetzt ist Tag. Gott bringt den Tag herauf!" Er fügte hinzu: „jeder Geschaffene soll sich vor dem Schöpfer schämen: Wäre er
vollkommen, wie ihm bestimmt war, dann müßte er erstaunen

---

[33] In: E. Klausener (Hg.), Von der Kraft jüdischen Glaubens, Berlin 1967,
    24 f.
[34] R. Mayer (Hg.), Der babylonische Talmud, München 1963, 500 f.
[35] L. Baeck, Dieses Volk. Jüdische Existenz (I), Frankfurt ²1955, 179.
[36] B III 56.

und erwachen und entbrennen über die Erneuerung der Kreatur zu jeder Zeit und in jedem Augenblick."[37] Eben das geschieht im echten Gebet: Erstaunen, Erwachen, Entbrennen!

So wird verständlich, daß gläubige Juden nicht nur von dem Wunder ergriffen waren, daß der Mensch in Wahrheit beten kann, sondern auch von dem anderen, daß einer nach einem echten Gebet noch weiterlebt: „Es ist eine große Gnade von Gott, daß der Mensch nach dem Gebet lebt. Denn dem Weg der Natur gemäß müßte er sterben, weil seine Kraft dahin ist, denn er hat seine Kraft um der großen Ausrichtung willen in das Gebet hineingegeben." Konsequenterweise verband der Baalschem mit dieser Lehre die Weisung: „Der Mensch besinne vor dem Gebet, daß er bereit ist, in diesem Gebet zu sterben."[38] Um das Versprechen gebeten, am kommenden Tag jemanden zu besuchen, sagte Salomo von Karlin: „Heute muß ich zu Abend beten und ‚Höre Israel' sprechen, da begibt sich meine Seele an den Rand des Lebens; dann kommt das Dunkel des Schlafs; und in der Frühe das große Morgengebet, das ist ein Schreiten durch alle Welten, und endlich das Aufs-Angesicht-Fallen, da neigt sich die Seele über den Rand des Lebens. Vielleicht werde ich auch diesmal noch nicht sterben: Aber wie soll ich dir versprechen, etwas nach dem Gebet zu tun?"[39]

So fremd und provozierend uns solche Aussagen vorkommen mögen, sie können uns etwas vom innersten Geheimnis des Betens Israels anzeigen: Das rechte Amen-Sagen ist ein *Opfergeschehen*. Wer betet, soll sich nicht nur aussprechen, er soll sich hinschenken; „in jedem einzelnen Wort soll sich der Beter ganz seinem Herrn darreichen"[40]. Der Herr spricht uns nicht irgendein Wort zu, er gibt sein Wort und darin sich selbst. Deshalb genügt es nicht, mit irgendwelchen Worten zu antworten, ein Über-antworten ist gefordert, ein Sich-Überantworten: „Herr der Welt, wir, wir, wir selber, uns selber wollen wir Dir an Opfers Statt darbringen!"[41]

---

[37] B III 22.
[38] B III 62.
[39] B III 396 f.
[40] B III 127.
[41] *[124]*

Namentlich seit durch die Vertreibung aus Jerusalem und durch die Zerstörung des Tempels dort der Opferdienst nicht mehr möglich war, erkannte man vertieft den Wert und die Notwendigkeit des Gebetsopfers. Man sah ein, daß es nicht eine Art Ersatz war, auf den man notgedrungen zurückgreifen mußte. Man erfaßte, daß man *gerade* im Gebet dem tieferen Sinn aller sichtbaren Opfer in vorzüglicher Weise entsprechen und so dem Lebensopfer vorgreifen und es vorbereiten konnte, in dem die Bewegung des Glaubens gipfeln soll. Es fehlte dem jüdischen Volk nicht an Gelegenheiten, den Ernst der Opferbereitschaft unter Beweis zu stellen. Auf mancherlei Weise wiederholte sich die Situation der drei Jünglinge im Feuerofen.[42] Etliche Gebete Israels tragen die Spuren solcher Feuerproben.[43] Zu den eindrucksvollsten zählt jenes Märtyrergebet, das im Anschluß an Verse des Hohenliedes zu sagen wagt: „Und wälzen sich die Verfolger wie ein Strom heran, Dein Geist drängt in mir, mich für Dich hinzugeben."[44] In diesen Worten scheint die Gefahr gebannt, die den menschlichen Opferwillen immer wieder begleitet hat: die Neigung, aus eigener Kraft in einer Art Selbsterlösung auch das Schwerste schaffen zu wollen. In Wahrheit ist das unmöglich. Nur wenn Gottes Geist es bewirkt, gibt es ein echtes Opfer, nur so auch das unverfälschte Opfer des Wortes.

Was vordergründig als Ende und Untergang erscheint, erschließt in Wahrheit einen neuen Anfang. Das ist Israel für alle Zeit in der Gestalt Abrahams vor Augen gestellt. Seine Opferbereitschaft, die das Grab aller Hoffnungen zu bedeuten schien, erwies sich als Beginn ungeahnter Möglichkeiten. Je mehr das Gebet vom Opfercharakter geprägt ist, um so intensiver ist sein *Zukunftsbezug*. Jahwe ist „ein herausholender, führender, wegweisender Gott"[45]. Er will über alle erreichten Ziele hinausgeleiten, einer je größeren Zukunft entgegen. Das Wort, an das Israel glaubt, ist vorwärts ge-

---

[42] Dan 3.
[43] Vgl. *[39]*, *[78]-[80]*, *[83]*, *[104]*, *[138]*, *[154]*, *[156]-[158]*, *[160]*, *[194]*, *[205]*.
[44] *[121]*.
[45] B II 235.

richtet. Es gibt keine abschließende Auskunft über das Vergange-
ne, es erhellt die Geschichte, um die Bereitschaft und die Entschei-
dung für eine größere Zukunft zu ermöglichen und zu fördern.
Im Laufe der Zeit verändert sich die *Vision des Kommenden*:[46]
Zunächst erhofft und erbittet man sich Landbesitz und militärische
Machtfülle, dann die Einheit des gespaltenen Gottesvolkes;
schließlich gewinnt die geistliche Komponente Oberhand: Es
heißt, das kommende Reich werde den Heiligen gehören, nachdem das Gericht Jahwes die Unheiligen vernichtet und die Unvoll-
kommenen geläutert habe. Es wird Himmel und Erde umfassen
und immer währen, denn „sein Reich ist ein ewiges Reich, und alle Reiche werden ihm dienen"[47]. Jahwe wird das „Ich will euer
Gott sein" zu unsagbarer Erfüllung bringen. Der Bund mit Israel
wird in einem neuen Bund gipfeln. Allen Widerständen zum Trotz
wird der Messias erscheinen. Für viele kulminiert alle Zukunfts-
hoffnung Israels in diesem einen Gottgesandten und seinem
Werk. Wer diese Sicht teilt, mag das Entscheidende im Beten Israels in dem Lied zusammengefaßt sehen, das uns aus dem Warschauer Ghetto überliefert ist:

> „Ich glaube, ich glaube, ich glaube
> ehrlich, unerschütterlich und fromm,
> daß der Messias komm':
> An den Messias glaube ich,
> und wenn er auf sich warten läßt,
> glaub' ich darum nicht weniger fest.
> Selbst wenn er länger zögert noch,
> an den Messias glaub' ich doch.
> Ich glaube, ich glaube, ich glaube."[48]

Diese Worte können im Christen ein zwiespältiges Echo auslösen:
Sie klingen verwandt und fremd zugleich, sie gehen ihm nahe und
bleiben doch weit weg von der Mitte seines Glaubens. Zwar kön-

---

[46] Vgl. *[181]-[205]*.
[47] Dan 7,27.
[48] *[204]*.

nen die Christen wie die gläubigen Juden um das Kommen des
Messias beten; anders als diese sind sie jedoch der Überzeugung,
daß es ein *Wieder*-kommen sein wird, daß Jesus von Nazaret der
verheißene Messias ist, daß Gott in ihm seine Verheißung erfüllt,
daß er in ihm in neuer Weise bei seinem Volk ist und bleibt. Daher
gehört zum christlichen „Ich glaube" wesenhaft das Ja zum Herrn
und Heiland Jesus Christus. Der damit gegebene Unterschied zum
jüdischen Glauben und Beten ist groß und folgenschwer. Keinem
ist damit geholfen, wenn er verharmlost wird. Das ändert nichts
daran, daß die Christen aufgerufen sind, gemeinsam mit den gläubigen Juden das „Halleluja, Amen!" zu sprechen.

UNSER HALLELUJA, UNSER AMEN

Im letzten Buch der Heiligen Schrift heißt es von den Erlösten: Sie
stehen als Sieger mit den Harfen Gottes am kristallenen Meer und
„singen das Lied des Mose, des Gottesknechtes, und das Lied des
Lammes und rufen:

> ,Groß und wunderbar sind Deine Werke,
> Herr Gott, Allherrscher;
> gerecht und wahrhaft sind Deine Wege, König der Völker!
> Wer sollte sich nicht fürchten
> und Deinen Namen nicht preisen?
> Denn Du allein bist heilig.

Ja, alle Völker werden kommen und Dir huldigen, denn Deine gerechten Gerichte sind offenbar geworden.'"[49] Unschwer ist zu erkennen, wie sehr dieses Gebet aus alttestamentlichen Quellen ge-
speist wird. Es entnimmt ihnen mehr als nur einzelne Formulierungen; es lebt aus ihnen. So ist gleichsam mit Händen zu greifen,
daß es „Lied des Mose" ist, von seinem Glauben inspiriert. Zugleich ist es „Lied des Lammes". Wie in dem Einen, auf den Johannes der Täufer als das Lamm Gottes hinweist,[50] alles zur Erfül-

---

[49] Offb 15,3f.
[50] Joh 1,29.

lung gelangt, was im Alten Bund im Symbol des Lammes verheißen wurde, so kommt in seinem Beten das „Lied des Mose" zu
seinem Vollsinn und zu seiner größten Wirkung. Das Lamm allein
ist würdig, die sieben Siegel zu öffnen, die das Buch der Weltge-
schichte jedem menschlichen Zugriff versperren.[51] Es allein kann
auch erschließen und entbinden, was immer im Beten Israels seinen Anfang nahm.[52]

Die dem Lamm folgen, wohin es geht, sind aufgerufen, dabei mit-
zuwirken. Sie dürfen und sollen das „Lied des Mose" und das
„Lied des Lammes" mitsingen. Am kürzesten bekundet das der
eschatologische Ruf, der von den vierundzwanzig Ältesten und
den vier Lebewesen vor dem Thron des Allerhöchsten berichtet
wird. Er lautet: „Amen! Halleluja!"[53] In der christlichen Liturgie
begegnet uns auf Schritt und Tritt ein vielstimmiges Echo dieses
Rufes. Das zeigt besser als lange Überlegungen die innige Ver-
bundenheit mit dem Beten Israels. Dieses ist und bleibt eine stete
Herausforderung christlichen Betens; es beschenkt und es beschämt, kann es doch bewußtmachen, wie weit man allzuoft hinter seinem hohen Anspruch zurückbleibt. Der christliche Gebrauch
des Halleluja und des Amen kann uns freilich auch bewußtmachen, daß wir zu einem „neuen Lied"[54] und zu einem neuen Leben gerufen sind.

Das *Halleluja* ist im Laufe der Zeit zum besonderen österlichen Ruf
geworden. Es preist Gott für das Auferweckungswunder, das er an
Jesus gewirkt hat. Mit Recht wird dieses als vorzügliche Bestäti-
gung seiner Messiassendung angesehen. Der „dem Fleisch nach
aus Davids Geschlecht hervorgegangen" ist, wird „in Macht dem
Geist der Heiligkeit nach zum Sohne Gottes eingesetzt zufolge der
Auferstehung von den Toten".[55] Im griechischen Ritus wird das
Halleluja auch bei Begräbnissen gesungen: Selbst angesichts des
Todes können wir das Halleluja anstimmen, werden uns allen doch

---

[51] Offb 5.
[52] Vgl. P.-W. Scheele, Opfer des Wortes, Paderborn ²1973, 68-85.
[53] Offb 19,4.
[54] Vgl. Offb 5,9 u. 14,3.
[55] Röm 1,4.

in Jesus Christus Auferweckung und ewiges Leben angeboten. In ihm sagt Gott für immer sein persönliches Ja zu allen, die sich seiner Liebe anvertrauen. Dieses Ja umfaßt zugleich alles von ihm Vorbereitete und Versprochene. „Mit ihm ist das Ja verwirklicht worden, denn alle Verheißungen haben in ihm ihr Ja gefunden, und deshalb ist durch ihn auch das Amen da, zu Gottes Verherrlichung, durch uns."[56] Entsprechend heißt Christus selber in der Apokalypse einfachhin der „Amen"[57]. Alle Evangelien wissen zu berichten, daß selbst die Redeweise Jesu vom biblischen Amen geprägt war. Nicht nur daß er das „Ja, Vater!"[58] sprach und sprechen lehrte, er stellte das Amen auch an den Anfang seines Redens. Für dieses Verfahren gibt es kein Analogon. Jesus argumentiert nicht wie ein Rabbi unter Berufung auf diese oder jene Schriftstelle, aus der er seine Konsequenzen zieht. Er sagt auch nicht wie ein Prophet: „So spricht der Herr!" Er wagt sein: „Amen, ich sage euch"[59] und meldet so seinen einzigartigen Anspruch an. Mit Heinrich Schlier kann man sagen, in dem so gebrauchten Amen Jesu sei „die ganze Christologie in nuce enthalten"[60].

So führt uns das Amen vom Alten Bund her in die Mitte des Neuen. Es ist wirklich „Krönung der Worte, die ins Verborgene zieht"[61], es ist „das Wort, das beginnt, und das Wort, das krönt"[62]; „in allen Worten Gottes ist es verborgen, es ertönt bei der Erschaffung des Lichtes, bei der Botschaft Gabriels und bei der Antwort des Weibes, das die Tochter Abrahams und die Mutter Gottes war"[63].

In dem Maße, wie wir lernen, es mit ganzer Kraft zu sprechen, kommen wir der letzten *Vollendung* näher, die Gott uns zuge-

---

56 2 Kor 1,19 f.
57 Offb 3,14.
58 Mt 11,26.
59 Mt 30, Mk 13, Lk 6, Joh 25 Mal.
60 G. Kittel (Hg.), Theologisches Wörterbuch zum Neuen Testament I, Stuttgart 1933, 341.
61 N. Sachs, Gedichte, Zürich o. J., 286.
62 E. Hello, Worte Gottes, Köln ²1950, 252.
63 Ebd., S. 254.

dacht hat. Sie entzieht sich wesenhaft unserer Erkenntnis. Gleichwohl können uns die Worte Halleluja, Amen nochmals weiterhelfen. Augustinus jedenfalls ist dieser Überzeugung. Das läßt ihn in einer Predigt über die kommende Herrlichkeit sagen: „All unser Tun wird Amen und Halleluja sein ... Halleluja! So werden alle Bürger jenes Staates, in lodernster Liebe zueinander und zu Gott, sich zu ebenbürtigem Lobe ermuntern und jubeln: Halleluja!, weil sie jubeln: Amen!"[64] An anderer Stelle entfaltet Augustinus diesen Gedanken und verkostet mit seiner Gemeinde die Freude, die er in sich birgt. Er sagt von dem ewigen Reich, in dem „unsere Tätigkeit Halleluja" ist: „Dort ist unsere Speise das Halleluja, unser Trank das Halleluja, die Tätigkeit unserer Ruhe das Halleluja, die ganze Freude wird sein das Halleluja."[65] Überhören wir den Appell nicht, der sich daraus für uns alle ergibt: „Man mache sich darüber keine Illusion. Gott wird uns eines Tages prüfen, ob wir das Halleluja [allenfalls das große Halleluja] singen können. Nichts wird uns dann helfen, wenn wir sagen, daß wir keine Stimme haben oder falsch singen. Gerade das Halleluja muß man richtig singen."[66] Ähnliches gilt vom Amen. Wir leben, um es sprechen zu lernen. „Der Mensch muß sich in einen Jubelschrei verwandeln, er muß zu dem lebendigen Amen werden, das von der Erde zum Himmel aufsteigt. Was sollen wir aus unseren Worten machen, aus unsern Gedanken, unsern Gebärden, unsern Blicken, wenn nicht ein jubelndes ‚Amen'?"[67] Fügen wir mit Ernst Hello hinzu: „Das ‚Amen' des Friedens, das ‚Amen' der Freude, das ‚Amen', das in die Höhe steigt, über den Donner hinaus, zu den Stätten der ewigen Heiterkeit, das jubelnde ‚Amen', das feurige ‚Amen', das die Erde fruchtbar machen und den Himmel erfreuen wird – möge dieses ‚Amen' sich vereinigen mit dem ewigen Lobpreis des Logos, der selbst der Lobpreis ist und der allen Geistern, die anbeten, die Kraft der Anbetung verleiht."[68]

---

[64] Augustinus, sermo 363.
[65] Augustinus, sermo 252,9.
[66] E. Petersen, in: Hochland 51 (1958/59) 248.
[67] Hello, a. a. O., 254.
[68] Hello, a. a. O., 256.

HALLELUJA

I. Jahwe allein

„Höre, Israel: Jahwe ist unser Gott, Jahwe allein!"
(Dtn 6,4)

Du bist ein verborgener Gott   [1]

Wahrhaftig, Du bist ein verborgener Gott.
Israels Gott ist der Retter.
Schmach und Schande kommt über sie alle,
die Götzenschmiede geraten in Schande.
Israel aber wird vom Herrn gerettet, wird für immer errettet.
Über euch kommt keine Schande und Schmach mehr
für immer und ewig.
Denn so spricht der Herr, der den Himmel erschuf –
er ist der Gott, der die Erde geformt und gemacht hat,
er ist es, der sie erhält, er hat sie nicht als Wüste geschaffen,
er hat sie zum Wohnen gemacht –:
Ich bin der Herr, und sonst niemand.
Ich habe nicht im Verborgenen geredet,
irgendwo in einem finsteren Land.
Ich habe nicht zum Geschlecht Jakobs gesagt:
Sucht mich im leeren Raum!
Ich bin der Herr, der die Wahrheit spricht
und der verkündet, was recht ist.
Versammelt euch, kommt alle herbei,
tretet herzu, die ihr aus den Völkern entkommen seid.
Wer hölzerne Götzen umherträgt, hat keine Erkenntnis,
wer einen Gott anbetet, der niemanden rettet.
Macht es bekannt, bringt es vor, beratet euch untereinander:
Wer hat das alles seit langem verkündet
und längst im voraus angesagt?
War es nicht ich, der Herr? Es gibt keinen Gott außer mir;
außer mir gibt es keinen gerechten und rettenden Gott.
Wendet euch mir zu, und laßt euch erretten,
ihr Menschen aus den fernsten Ländern der Erde;

denn ich bin Gott, und sonst niemand.
Ich habe bei mir selbst geschworen,
und mein Mund hat die Wahrheit gesprochen,
es ist ein unwiderrufliches Wort:
Vor mir wird jedes Knie sich beugen,
und jede Zunge wird bei mir schwören:
Nur beim Herrn – sagt man von mir – gibt es Rettung und Schutz.
Beschämt kommen alle zu ihm, die sich ihm widersetzten.
Alle Nachkommen Israels bekommen ihr Recht
und erlangen Ruhm durch den Herrn.

Deutero-Jesaja

Der Herr allein ist Gott   [2]

Jauchzt vor dem Herrn, alle Länder der Erde!
Dient dem Herrn mit Freude!
Kommt vor sein Antlitz mit Jubel!
Erkennt: Der Herr allein ist Gott!
Er hat uns geschaffen, wir sind sein Eigentum,
sein Volk und die Herde seiner Weide.
Tretet mit Dank durch seine Tore ein!
Kommt mit Lobgesang in die Vorhöfe seines Tempels!
Dankt ihm, preist seinen Namen!
Denn der Herr ist gütig,
ewig währt seine Huld,
von Geschlecht zu Geschlecht seine Treue.

Psalm 100

Du höchster Gott   [3]

Mein Gott, Du höchster Gott!
Du bist allein mir Gott.
Du schufest alles,
und Deiner Hände Werk ist alles, was da ist.
Dich und Dein Reich hab' ich erwählt.
Errett' mich aus der Hand der bösen Geister,
die da der Menschenherzen Denken ganz beherrschen!

Laß sie mich nicht, mein Gott, von Dir weg in die Irre führen!
Mach, daß in Ewigkeit nicht ich noch meine Nachkommen
je in die Irre gehen,
von jetzt an bis in Ewigkeit!

Jubiläenbuch

Gott, Alleinherrscher   [4]

Ewiger, Mächtiger, Heiliger,
Gott, Alleinherrscher!
Du durch Dich selbst Gewordener,
Unverweslicher, Unbefleckter,
Ungewordener, Makelloser, Unsterblicher,
Selbstvollkommener, Selbstleuchtender!
Vaterloser, Mutterloser, Unerzeugter,
Erhabener, Feuriger, Einziger!
Menschenliebender, Gütiger, Mildtätiger,
Du um mich Eifernder, wahrhaft Geduldiger!
Eli, das heißt „mein Gott",
Du Ewiger, Starker, Heiliger, Sabaot,
Du Herrlichster, El, El, El, El, Jaoel!
Du bist's, den meine Seele liebte.
O Ewiger, Beschützer, leuchtend wie das Feuer!
Du, dessen Stimme wie der Donner ist,
und dessen Blick dem Blitze gleicht,
Allsehender, der die Gebete derer, die Dich ehren, annimmt
und sich von Bitten solcher abwendet,
die Hindernisse schaffen
durch Hindernisse ihrer Aufreizungen!
Du, der den Wirrwarr in der Welt auflöst,
den Wirrwarr, der in der verderbten Welt
von Bösen und Gerechten ausgeht!
Denn Du erneuerst der Gerechten Welt.
O Licht,
das vor dem Morgenlicht auf Deine Kreaturen scheint,
so daß es Tag auf Erden wird!
In Deinen Himmelswohnungen

bedarf es keines andern Lichtes
als nur der unsagbaren Lichterscheinung Deines Angesichtes.
Nimm mein Gebet doch an!
Freu Dich an ihm
und an dem Opfer,
das Du Dir selbst durch mich bereitet,
der ich Dich suchte!
Nimm mich in Gnaden an!
Zeig mir! Lehr mich!
Tu Deinem Diener kund,
soviel Du mir verheißen hast!

Abraham-Apokalypse

Ich aber schweige nicht   [5]

Wär' jedes meiner Glieder ja ein Mund
und meines Hauptes Haare Stimmen,
so könnt' ich dennoch Dir den Lobpreis niemals abstatten
und Dich so preisen, wie's Dir zukommt . . .
Ich aber schweige nicht
und höre nicht mit dem Preise des Allmächtigen auf;
ich zähle mit des Lobes Stimme seine Wundertaten her.
Denn wer denkt noch an Deine Wundertaten, Gott?
Und wer erfaßt je Deine tiefen Pläne, die voll Leben?
Denn Du regierst durch die Vernunft
all die Geschöpfe, die nur Deine Rechte schuf;
Du machtest jeden Quell des Lichts für Dich zurecht
und legtest Deiner Weisheit Schätze neben Deinem Throne
nieder.

Baruch-Apokalypse

Gott ist nur Er   [6]

Geboren zum Sterben,
gestorben zum Leben,
um lebend gerichtet zu werden,
zu erfahren, zu wissen und innezuwerden:

Gott ist nur Er!
Er ist der Bildner!
Er der Erschaffer!

Er ist der Kenner, der Richter ist Er;
Er ist der Zeuge, Er ist der Kläger,
Er, der einst richtet, gepriesen sei Er!
Vor Ihm gibt's kein Unrecht,
vor Ihm kein Vergessen, nicht Schaun aufs Gesicht,
nicht Gabenannahme; denn alles ist Sein!

Wisse, daß alles auf Rechnung geschieht!
Dein Trieb soll dir nimmer einreden,
die Unterwelt wär' eine Zuflucht für dich!

Ohn' deinen Willen bist du erschaffen,
(ohn' deinen Willen geboren,)
ohn' deinen Willen bist du am Leben,
ohn' deinen Willen wirst du einst sterben,
ohn' deinen Willen mußt du bereit sein,
Antwort und Rechnung zu geben
vor Ihm, dem König der Könige der Könige,
dem Heiligen, gepriesen sei Er!

Rabbi Eleasar ha-Kappar

Alle Herrlichkeit, sie ist bei Dir   [7]

Deine Macht bedenk' ich den ganzen Tag,
ständig preis' ich Deinen Namen,
verkünde Deine Ehre inmitten der Menschen,
und am Reichtum Deiner Güte ergötze ich mich.
Ich habe erkannt,
daß Wahrheit Dein Mund,
daß in Deiner Hand die Gerechtigkeit liegt,
in Deinem Denken alle Erkenntnis.
In Deiner Macht steht alle Gewalt,
und alle Herrlichkeit, sie ist bei Dir.

Hymnenrolle von Qumran

Gott ist mein   [8]

Der Herr der Welt, der König war,
eh noch erschaffen war ein Sein,
da sein Wille erschuf das All,
ward König genannt der Name sein.
Und wenn vergangen ist das All,
so herrscht der Furchtbare allein.
Und er – er war. Und er – er ist.
Und er – in Herrlichkeit wird sein.
Er ist eins und keiner sonst
ihm gleich, verbunden ihm zu sein.
Er ohne Anfang, ohne End',
und sein die Macht, die Herrschaft sein.
Und er, mein Gott, mein Erlöser, lebt!
mein Fels in Schmerz, zur Zeit der Pein,
er mein Panier, mein Zufluchtsort,
mein Anteil, er erhört mein Schrein.
In seine Hand leg' ich den Geist,
wenn ich erwach' und schlafe ein,
und mit dem Geist den Körper auch
ich fürchte nichts, denn Gott ist mein.

Beginn des Morgengebets und Ende des Nachtgebets

Gepriesen sein Name   [9]

Gepriesen, der sprach und es wurde die Welt,
gepriesen sei er.
Gepriesen der Schöpfer des Anfangs,
gepriesen, der spricht und tut,
gepriesen, der beschließt und erfüllt,
gepriesen, der sich erbarmt der Erde,
gepriesen, der sich erbarmt der Geschöpfe,
gepriesen, der wohl vergibt denen, die ihn fürchten,
gepriesen, der ewig lebt und immer dauert,
gepriesen, der befreit und errettet,
gepriesen sein Name!   *Morgengebet am Werktag*

Jahwe, unser Gott   [10]

Gepriesen seist du, Jahwe, unser Gott, König der Welt, der das
Licht gebildet und die Finsternis geschaffen, der den Frieden bereitet und das Weltall geschaffen hat, der der Erde leuchtet und denen, die auf ihr wohnen, in Barmherzigkeit und der durch seine
Güte täglich immerfort das Werk der Schöpfung erneut. Gepriesen
seist du, Jahwe, unser Gott.

Lobspruch am Morgen

Dir, o König, wollen wir huldigen   [11]

Höchster König –
Stark und erhaben,
Wall ist Er und Graben,
Tun ist sein Sagen,
hoch und erhebend,
Throne vergebend,
allem obschwebend –

herrschet in Zeit und in Ewigkeit.

Höchster König –
Machttaten erweiset Er,
Geschlechter ruft Er her,
Siegel entsiegelt Er,
lauter im Wort zumal,
kennet der Sterne Zahl,
Bahnen und Kreise all –

herrschet in Zeit und in Ewigkeit.

Höchster König –
Gepriesen von allem,
mächtig zu allem,
der Gnädige allem,
gibt Speise allem,
verborgen vor allem,
doch wachend über allem –

herrschet in Zeit und in Ewigkeit.

Höchster König –
Des Vergessenen nicht vergißt Er,
das Inwendige ermißt Er,
klaren Auges ist Er,
des Herzens Trachten liest Er,
ein Gott der Geister,
wahren Wortes Meister –

                       herrschet in Zeit und in Ewigkeit.

Höchster König –
In seinem Schlosse in Lauterkeit,
in seinen Palästen voll Wundersamkeit,
ist Er ohne alle Gleichheit
in aller seiner Wirksamkeit,
der den Sand setzt dem Meere zur Grenzscheid,
dem Behemot und seinem Widerstreit –

                       herrschet in Zeit und in Ewigkeit.

Höchster König –
Er sammelt die Wasser im Meere,
erreget die Wogen wie Heere,
daß sie fürchterlich brüllen,
die Welt mit Getose erfüllen.
Doch ihr mächtig Geschwille
zwingt er allmächtig zur Stille –

                       herrschet in Zeit und in Ewigkeit.

Höchster König –
Herrschend in Majestät,
in Sturm und Wetter Er geht.
Glanz wie ein Kleid ihn umweht.
Die Nacht wie Tag vor ihm steht.
Finsternis birgt Ihn dicht.
Doch Er selber wohnet im Licht –

                       herrschet in Zeit und in Ewigkeit.

Höchster König –
Wolken ihn decken,
Flammen rings lecken,
Kerube tragen Ihn,

Blitze als Diener glühn.
Ruhe- und Wandel-Stern
jauchzen in alle Fern:

                Er herrschet in Zeit und in Ewigkeit.

Höchster König –
Tuet die Hand auf und lässet genießen,
sammelt den Regen und läßt ihn ergießen,
über drei Länder und viere zu fließen,
auf dürre Aue und machet sie sprießen.
Tag jauchzt dem Tage zu:
Jauchze dem Herrn auch du:

                Er herrschet in Zeit und in Ewigkeit

Höchster König –
Heilig und schaudervoll,
mächtig und wundervoll,
misset die Erde ein,
setzt ihr den Eckenstein,
schaffet wie Groß so Klein
zur Ehre sein –

                herrschet in Zeit und in Ewigkeit.

Höchster König –
Merket auf Elend,
zum Flehn sich hinwendt,
seine Milde verlängt,
seinen Zorn bezwängt,
allen Anfang anfängt,
allen Endes End' –

                herrschet in Zeit und in Ewigkeit.

Höchster König –
Richtet mit Wahrheit,
seine Werke sind Wahrheit,
übt Gnade und Wahrheit,
selbst Gnade und Wahrheit,
sein Wandel in Wahrheit,
sein Siegel die Wahrheit –

                herrschet in Zeit und in Ewigkeit.

Huldigen wollen wir Dir:
Jahwe ist König, Jahwe war König,
Jahwe wird König sein
zu ewiger Zeit.
Was wohnet im Himmelszelt,
rühmet mit Ruhmesklang:
Jahwe ist König.
Was wohnt auf der Erden Feld,
segnet mit Segens-Sang:
Jahwe war König.
Eins stimmt dem Andern ein,
jauchzen im Wettverein:
Jahwe wird König sein
zu ewiger Zeit.
All seine Heiligen
voll Demut Ihn heiligen:
Jahwe ist König.
All Seines Volkes Schar
gibt Ihm dies Zeugnis wahr:
Jahwe war König.
Eins stimmt dem andern ein,
lieblich im Wettverein:
Jahwe wird König sein
zu ewiger Zeit.
Blitzende Cherubim,
mächtige Serafim:
Jahwe ist König.
Morgen um Morgen neu
sagen's in Flüsterscheu:
Jahwe war König.
Eins stimmt dem andern ein
dreimal im Wettverein:
Jahwe wird König sein
zu ewiger Zeit.
Jahwe ist König, Jahwe war König,
Jahwe wird König sein
zu ewiger Zeit. Amen   *Liturgie des Neujahrsfestes*

Ein einziger Herr   [12]

Eine Dimension des Anfangs und Dimension des Endes,
Dimension des Guten und Dimension des Bösen,
Dimension der Höhe und Dimension der Tiefe,
Dimension des Ostens und Dimension des Westens,
Dimension des Nordens und Dimension des Südens;
und ein einziger Herr,
Gott, der treue König, herrscht über sie alle
in seiner Heiligen-Wohnung bis in alle Ewigkeit.

Buch der Schöpfung

Der Verborgenste aller Verborgenen   [13]

Herr der Welten, Du bist einer, aber nicht wie eine gezählte Einheit, Du bist erhaben über alles Erhabene, der Verborgenste aller Verborgenen; kein Begriff faßt Dich . . .
Herr der Welten, Du bist der Grund aller Gründe und die Ursache aller Ursachen, Du wässerst den Baum aus jener Quelle, die wie die Seele im Körper überall Leben verbreitet. Du selbst aber hast weder Bild noch Gestalt in allem, was innen und außen ist. Du hast Himmel und Erde geschaffen, Oberes und Unteres, damit die Welten Dich erkennen, aber keiner kann Dich in Wahrheit begreifen. Wir wissen nur, daß es keine wahre Einheit gibt außer Dir, weder oben noch unten, wir wissen, daß Du Herr bist über alles.

Tikkune Ha-Sohar

Einziger, ruft die Erde   [14]

Ihm singt der Mund aller Geschöpfe,
von oben her erschallt und von unten sein Ruhm.
Einziger! ruft die Erde, Heiliger! der Himmel;
aus den Wassern tönen Lieder für den Mächtigen in der Höhe;
Majestät kommt aus dem Abgrund, Hymne von den Sternen.
Rede von dem Tage, Gesang von der Nacht.
Seinen Namen verkündet das Feuer,

der Wald läßt Melodien hören,
das Tier lehrt Gottes überwältigende Größe.

Josse ben Josse

Ich glaube   [15]

Ich glaube mit vollkommener Gläubigkeit, daß der Schöpfer, gesegnet sein Name, schafft und führt alle Geschöpfe, und daß er allein gewirkt hat, wirkt und wirken wird alle Werke. Ich glaube mit
vollkommener Gläubigkeit, daß der Schöpfer, gesegnet sein Name, einzig ist, daß es in keinerlei Hinsicht Einzigkeit gibt als bei
ihm, und daß er allein unser Gott ist, der da war, da ist und da sein
wird.
Ich glaube mit vollkommener Gläubigkeit, daß der Schöpfer, gesegnet sein Name, kein Körper ist, daß ihn nicht begreifen die Begriffe des Körpers, und daß es für ihn keine Gleichgestalt gibt.
Ich glaube mit vollkommener Gläubigkeit, daß der Schöpfer, gesegnet sein Name, der Erste ist und der Letzte ist. Ich glaube mit
vollkommener Gläubigkeit, daß allein zum Schöpfer, gesegnet sein
Name, es angeht zu beten, und daß es nicht angeht, zu beten zu
einem anderen.
Ich glaube mit vollkommener Gläubigkeit, daß alle Worte der
Künder wahr sind.
Ich glaube mit vollkommener Gläubigkeit, daß das Kündertum des
Moses, unsres Meisters, Friede über ihn, wahr gewesen ist, und
daß er Vater war den Kündern, die ihm vorangegangen waren,
und denen, die nach ihm gekommen sind.
Ich glaube mit vollkommener Gläubigkeit, daß die Tora, die sich
jetzt in unsern Händen findet, die ist, die gegeben ward Moses,
unsrem Meister, Friede über ihn.
Ich glaube mit vollkommener Gläubigkeit, daß diese Tora nicht
vertauscht wird, und daß keine andere Tora sein wird vom Schöpfer aus, gesegnet sein Name.
Ich glaube mit vollkommener Gläubigkeit, daß der Schöpfer, gesegnet sein Name, kennt alles Werk der Menschen und all ihre
Gedanken, wie gesagt ist: „Er einzig bildet ihr Herz, er merkt all ihre Taten."

Ich glaube mit vollkommener Gläubigkeit, daß der Schöpfer, ge-
segnet sein Name, Gutes erweist den Wahrern seiner Gebote und
bestraft die Übertreter seiner Gebote.
Ich glaube mit vollkommener Gläubigkeit an das Kommen des
Messias; und säumt er auch, so harre ich dennoch sein an jegli-
chem Tag, daß er komme.
Ich glaube mit vollkommener Gläubigkeit, daß ein Aufleben der
Toten sein wird, zur Stunde, da Willigung sich erheben wird beim
Schöpfer, gesegnet sein Name, und erhoben sein Gedenken in die
Zeiten und in Dauer der Dauern.

Mose Maimonides

Du Wahrheit   [16]

Mit ganzer Kraft, Du Wahrheit, ganzer Seele
hab' ich Dich lieb, im Licht, in Busens Hehle.

Dein Name mein! – wo gäb's, der den mir stehle?
Mein Liebster Er! – wen gäb's, der da mir fehle?

Mein Licht Er! – meinem Docht gebräch's an Öle?
Gäb's Wank? wo solchem Stab ich mich empfehle!

Ihr Hohn schmält – Toren! wird doch Hohngeschmäle
ob Deiner Krone mir zum Kronjuwele!

Mein Lebensborn! sei Dir ein Preis mein Leben
und Sang, solang noch Hauch in meiner Kehle.

Jehuda Halevi

Dich verherrlicht Schweigen   [17]

Dich hat kein Aug' ergründet,
ein Nebel ist Deine Hülle,
Deine Straße führt durch Wogen
unsichtbar die Spur, Dir nachgezogen.
Wer mag Gottes Größe schildern?
Sie rühmen, wär's in Bildern?

Drum ein Band meinen Mund bindet,
Dich verherrlicht Schweigen, Stille.

Meir ben Baruch

Du, groß und mächtig, einzig ohne Zweiten   [18]

Zu arm bin ich, um Dank und Lohn zu reichen,
o Herr und Schöpfer, Dir, o ew'ges Leben!
Für Deiner Gnad' und Deiner Liebe Zeichen,
der aus dem Nichts gerufen mich ins ew'ge Leben!

Nach Deinem Bilde wolltest Du mich bauen,
erhebst mich zu der Wesen höchstem Rang,
um Deine Macht und Herrlichkeit zu schauen,
legst Du in Geist und Herz den ew'gen Drang.

Du tatest Gutes mir ohn' End' und Ziel
und zogst mich groß, mich hegend wie ein Kind.
Wie lohn' ich Deiner Huld, so reich, so viel,
die Du erwiesest mir so treugesinnt?

Vor Dir, dem dieses Weltall zu eigen,
vor Dir, mein Hort! Was kann ich wohl bedeuten?
Womit soll ich vor Dir, o Gott! mich zeigen,
Du, groß und mächtig, einzig ohne Zweiten!

Nicht hast Du Lust an des Altares Bränden,
nicht willst Du, daß ich blut'ge Opfer bringe,
Du freuest Dich an meines Liedes Spenden,
daß dankend Dir der Mensch im Leben singe.

Und ist Dein Ruhm so groß, so hoch erhaben,
und ist der Lippe Frucht so arm, so klein,
getrost Dir reich' ich meines Liedes Gaben,
und Du wirst liebevoll Dein Ohr mir leihn.

Israel ben Mose Najara

Ich will nur Dich allein   [19]

Ich will nicht Dein Paradies,
ich will nicht Deine kommende Welt,
ich will nur Dich allein.

Schneur Salman von Ladi

Du   [20]

Wie viele Meere im Sande verlaufen,
wieviel Sand hart gebettet im Stein,
wieviel Zeit im Sanghorn der Muscheln
verweint,
wieviel Todverlassenheit
in den Perlenaugen der Fische,
wie viele Morgentrompeten in der Koralle,
wieviel Sternenmuster im Kristall,
wieviel Lachkeime in der Kehle der Möwe,
wieviel Heimwehfäden
auf nächtlichen Gestirnbahnen gefahren,
wieviel fruchtbares Erdreich
für die Wurzel des Wortes:
Du –
hinter allen stürzenden Gittern
der Geheimnisse
Du –

Nelly Sachs

Herr, Du suchst mich   [21]

Herr, Du suchst mich wieder und wieder.
Wo ich mich auch unterducke,
fährt Dein Strahl durch jede Lucke,
und ich weiß, dann willst Du mich.

Willst mich, weil ich Dich einst erkannt,
mich, dem Du Dich einst genannt,
mich, der von Dir gerannt.

Karl Wolfskehl

Trotzdem bete ich   [22]

O, Du mein Gott: alle Völker preisen Dich
und versichern Dich ihrer Ergebenheit.
Was aber kann es Dir bedeuten,
ob ich das auch tue oder nicht?
Wer bin ich, daß ich glauben soll,
mein Gebet sei eine Notwendigkeit?
Wenn ich Gott sage, weiß ich, daß ich damit
von dem Einzigen, Ewigen,
Allmächtigen, Allwissenden und Unvorstellbaren spreche,
von dem ich mir ein Bild weder machen kann noch soll.
An den ich keinen Anspruch erheben darf oder kann,
der mein heißestes Gebet erfüllen
oder nicht beachten wird.

Und trotzdem bete ich,
wie alles Lebende betet;
trotzdem erbitte ich Gnaden und Wunder;
Erfüllungen.

Trotzdem bete ich,
denn ich will nicht des beseligenden Gefühls der Einigkeit,
der Vereinigung mit Dir,
verlustig werden.

O Du mein Gott,
Deine Gnade hat uns das Gebet gelassen,
als eine Verbindung, eine beseligende Verbindung mit Dir.
Als eine Seligkeit, die uns mehr gibt
als jede Erfüllung.

Arnold Schönberg

Ich glaube an Gott   [23]

Ich glaube an die Sonne,
auch wenn sie nicht scheint.
Ich glaube an die Liebe,
auch wenn ich sie nicht fühle.
Ich glaube an Gott,
auch wenn Er schweigt.

Unbekannter Flüchtling

II. Der Heilige

„Ich bin der Herr, euer Heiliger"
(Jes 43,15)

Der Herr allein ist heilig [24]

Hanna betete. Sie sagte:
Mein Herz ist voll Freude über den Herrn,
große Kraft gibt mir der Herr.
Weit öffnet sich mein Mund gegen meine Feinde;
denn ich freue mich über deine Hilfe.
Niemand ist heilig, nur der Herr;
denn außer dir gibt es keinen Gott;
keiner ist ein Fels wie unser Gott.
Redet nicht immer so vermessen,
kein freches Wort komme aus eurem Mund;
denn der Herr ist ein wissender Gott,
und bei ihm werden die Taten geprüft.
Der Bogen der Helden wird zerbrochen,
die Wankenden aber gürten sich mit Kraft.
Die Satten verdingen sich um Brot,
doch die Hungrigen können feiern für immer.
Die Unfruchtbare bekommt sieben Kinder,
doch die Kinderreiche welkt hin.
Der Herr macht tot und lebendig,
er führt zum Totenreich hinab und führt auch herauf.
Der Herr macht arm und macht reich,
er erniedrigt, und er erhöht.
Den Schwachen hebt er empor aus dem Staub
und erhöht den Armen, der im Schmutz liegt;
er gibt ihm einen Sitz bei den Edlen,
einen Ehrenplatz weist er ihm zu.
Ja, dem Herrn gehören die Pfeiler der Erde;
auf sie hat er den Erdkreis gegründet.
Er behütet die Schritte seiner Frommen,

doch die Frevler verstummen in der Finsternis;
denn der Mensch ist nicht stark aus eigener Kraft.
Wer gegen den Herrn streitet, wird zerbrechen,
der Höchste läßt es donnern im Himmel.
Der Herr hält Gericht bis an die Grenzen der Erde.
Seinem König gebe er Kraft
und erhöhe die Macht seines Gesalbten.   *Hannas Lobgesang*

Heilig ist der Herr, unser Gott   [25]

Der Herr ist König: Es zittern die Völker. Er thront auf den Kerubim: Es wankt die Erde.
Groß ist der Herr auf Zion, über alle Völker erhaben.
Preisen sollen sie deinen großen, majestätischen Namen. Denn er ist heilig.
Stark ist der König, er liebt das Recht. Du hast die Weltordnung fest begründet, hast Recht und Gerechtigkeit in Jakob geschaffen.
Rühmt den Herrn, unseren Gott; werft euch am Schemel seiner Füße nieder! Denn er ist heilig.
Mose und Aaron sind unter seinen Priestern, Samuel unter denen, die seinen Namen anrufen; sie riefen zum Herrn, und er hat sie erhört.
Aus der Wolkensäule sprach er zu ihnen; seine Gebote hielten sie, die Satzung, die er ihnen gab.
Herr, unser Gott, du hast sie erhört: Du warst ihnen ein verzeihender Gott, aber du hast ihre Frevel vergolten.
Rühmt den Herrn, unsern Gott, werft euch nieder an seinem heiligen Berge! Denn heilig ist der Herr, unser Gott.

Psalm 99

Unfaßbar ist Deine Gnade   [26]

Herr! Du Allmächtiger!
Gott unsrer Väter,
Du Gott des Abraham, Isaak, Jakob
und ihrer frommen Sippe!
Der Du den Himmel und die Erde schufst

samt ihrem ganzen Schmuck!
Der Du das Meer durch Dein Befehlswort eingeschnürt,
der Du mit Deinem furchtbaren, gepriesenen Namen
die Tiefe hast erschlossen und versiegelt.
Vor Deiner Allmacht schauert alles zitternd.
Denn Deiner Glorie Majestät ist unerfaßlich,
der Zorn, den Du den Sündern angedroht, ist unerträglich.
Und unermeßlich, unfaßbar ist Deine Gnade,
die Du verheißen.
Du, Herr, bist hocherhaben und barmherzig,
an Gnaden reich und Langmut;
der Menschenkinder Leiden reuen Dich.
Nach Deiner liebereichen Güte
verheißt Du Sündennachlaß denen, die gefehlt.
Nach dieses Mitleids Fülle
verordnest Du den Sündern Buße,
daß sie gerettet werden können . . .
Nun beuge ich die Knie meines Herzens,
voll Sehnsucht nach der Milde, die Dir eignet.
Ich hab' gesündigt, Herr, gesündigt,
und meine Missetaten kenne ich.
So bitte ich Dich flehentlich:
Vergib mir, Herr, verzeihe mir!
Tilg mich nicht samt den Missetaten!
Auch zürn mir nicht auf ewig!
Bewahr nicht meine Übeltaten auf! Verdamm mich nicht
als schon der Höllenstrafen würdig!
Du bist ja, Herr, der Gott der Reuigen.
So zeigst Du denn an mir auch Deine Güte.
Du wirst mich retten,
bin ich auch dessen gar nicht wert,
nach Deiner großen Milde.
Dann will ich immerdar Dich preisen
mein Leben lang.
Dich preisen ja des Himmels Mächte all.
Dein ist die Herrlichkeit in alle Ewigkeit. Amen.

Gebet des Manasse

Du kennst ihre Worte   [27]

Du allein, o Gott, weißt Gutes zu tun
und der Wahrheit Geheimnis.
Wir Menschenkinder sind verfallen dem Dienst des Frevels
und den Wehen des Truges.
Du hast den Hauch auf der Zunge geschaffen,
Du kennst ihre Worte,
hast geordnet der Lippen Frucht,
eh' ins Dasein sie tritt.
Die Worte legst Du ans Lot,
prüfst den Luftstrom der Lippen im Maß,
ziehst die Meßschnur nach ihrem Geheimnis.
Aufsteigenden Hauch läßt tiefste Gedanken Du tragen,
kundzutun Deine Herrlichkeit.
Zu verkünden Deine Wundertat, der Schöpfung beständige
Werke
und Dein gerechtes Gericht,
daß Dein Name gerühmt sei aus aller Mund,
daß sie Dich kennen nach dem Maß ihrer Einsicht
und Dich loben in Ewigkeit.

Hymnenrolle von Qumran

Wer kann Deine Einsicht fassen   [28]

Wer kann von Deiner Güte, Herr, ein Bild gewinnen?
Sie ist ja unbegreiflich.
Und wer erforschet Deine schrankenlose Gnade?
Oder wer kann Deine Einsicht fassen?
Oder wer kann die Gedanken Deines Geistes melden?
Oder wer der Erdgeborenen kann hoffen, sie zu erreichen,
wenn der nicht, dem Du Gnade gibst,
und dem Du gnädiglich Dich neigst?

Baruch-Apokalypse

Staub bin ich   [29]

Mein Gott, ehe ich gebildet wurde, war ich nichts wert, und auch
jetzt, da ich gebildet worden bin, ist es ebenso, als wäre ich nicht
gebildet worden. Staub bin ich bei meinem Leben, um so mehr bei
meinem Tode. Siehe, ich bin vor Dir wie ein Gefäß voll Scham und
Schmach. Möge es Dein Wille sein, daß ich nimmer sündige, und
was ich bereits gesündigt habe, spüle weg in Deiner Barmherzigkeit.

Rabbi Hamnuna

Heilig, heilig, heilig   [30]

Gelobt seist Du, unser Fels, unser König und unser Erlöser,
Erschaffer der Heiligen!
Gelobt Dein Name auf immer und ewig,
unser König und Schöpfer der Dienenden!

Sie alle, die dienenden Wesen, stehn in der höheren Welt,
sie besingen in Ehrfurcht, eins in der Stimme,
das Walten des lebendigen Gottes
und Königs der Welt.

Geliebt sind sie alle, alle verklärt, gewaltig sie alle!
Und alle vollführen mit Schauder und Furcht
den Willen des Schöpfers.
Und alle tun auf ihren Mund, heilig und rein,
zu Lied und Gesang.

Sie loben und preisen, rühmen und künden,
heiligen und huldigen
den Namen Gottes, des großen, gewaltigen,
furchtgebietenden Königs.
Heilig ist Er!

Sie alle nehmen die Herrschaft des Himmels auf sich,
dieser wie jener.
Sie erteilen einander die Vollmacht,
ihren Schöpfer heilig zu preisen:

selig, begeistert, die Lippen verklärt,
mit geheiligtem Wohlklang;
sie alle stimmen an wie einer und rufen
voll Ehrfurcht:
Heilig, heilig, heilig ist Jahwe der Heerscharen;
die ganze Erde ist seiner Herrlichkeit voll!

Morgenlob

Heilig ist der Ewige   [31]

Dein, Ewiger, ist die Größe und die Macht und die Herrlichkeit und
die Ewigkeit und der Glanz! Denn alles im Himmel und auf Erden
ist Dein, Herr, das Reich und das Erheben jeden Hauptes. Erhebet
den Ewigen, unsern Gott, und betet an vorm Schemel seiner
Füße – heilig ist Er! Erhebet den Ewigen, unsern Gott, und betet an
vor seinem heiligen Berg, denn heilig ist der Ewige, unser Gott!

Gemeindegebet beim Ausheben der Tora

Dein Name erhaben über alles   [32]

Laß kommen die Furcht vor Dir, Ewiger, unser Gott, über alle Deine Geschöpfe und die Scheu vor Dir über alles, was Du erschaffen
hast, auf daß Ehrfurcht vor Dir haben alle Geschöpfe und vor Dir
sich beugen alle Erschaffenen und auf daß sie einen Bund bilden,
Deinen Willen zu tun mit ganzem Herzen, so wie wir es heute wissen, Ewiger, unser Gott, daß Dein die Herrschaft ist, Macht in Deiner Hand, Stärke in Deiner Rechten und Dein Name erhaben über
alles, was Du erschaffen!

Neujahrstag

Heilige Deinen Namen an uns   [33]

Der Mensch, sein Grund ist im Staub und sein Ende im Staub.
Mit Lebensgefahr schafft er sein Brot
wie zerbrochene Scherbe, dorrendes Gras,
welkende Blume, vergehender Schatten,

verschwindende Wolke, verwehender Wind,
wirbelnder Staub, verfliegender Traum.
Du aber bist König, Gott, lebendig und bleibend!

Unaufhörlich sind Deine Jahre,
unendlich die Dauer Deiner Tage,
unermeßlich die Wagen Deiner Herrlichkeit
und unaussprechlich Dein verborgner Name.
Dein Name ziert Dich, und Du zierst Deinen Namen,
und unsern Namen nanntest Du nach Deinem Namen.
Tu es um Deines Namens willen,
und heilige Deinen Namen an uns, die Deinen Namen heiligen
wie der Kreis der singenden Seraphim im Heiligtum,
die Deinen Namen heiligen im Heiligtum,
die Bewohner der Höhe samt den Bewohnern der Tiefe
rufen dreimal das dreifache Heilig im Heiligtum.

Neujahrstag

Heilig und gepriesen   [34]

Die Heere der Höhe
dem, der wohnt in der Höhe,
sprechen: heilig!
Die wandeln auf rechtem Weg
dem vollkommenen Fels
sprechen: gepriesen!
Die laufen und wiederkehren,
seinen Befehl hören,
sprechen: heilig!
Die harren auf das Heil
und hoffen auf Verzeihn:
heilig und gepriesen!
Der im Lobgesang wohnt,
der auf Wolken thront,
heilig und gepriesen!

Versöhnungsfest

Dem Werk Deiner Hände gnädig   [35]

Kann vor Gott der Mensch gerecht sein? Vorm Auge seines
Schöpfers, kann der Mann rein sein? Übermut in seiner Brust, Unrecht in seinem Innern, von Sünden voll und viel Frevel. Verant-
wortung und Rechenschaft muß er dem König der Könige ablegen
an seinem Ende, wenn die Ablösung kommt. Der Schuldschein ist
gesiegelt von seiner eigenen Hand, in sein Angesicht zeugt seine
Sünde, es bezeugt's der hölzerne Balken und verkündet's, aus der
Wand der Stein ruft es und schreit es aus. Es beugt sein Gesicht
der Verklagte und ist beschämt, gleich nichts ist er geachtet, wenn
er steht vor Dir.
Ach, dem Werk Deiner Hände sei gnädig! Das Gebrochene sieh
an, bewahr vorm Fall! Deine Knechte mögen heut Gnade finden,
laß sie gewinnen Deine Nähe, hab Gefallen an ihnen wie vordem!
Und wie Schnee bleiche die Sünden der Rose.

Versöhnungsfest

Dein Auge durchdringt das All   [36]

Wie sollte der Sterbliche rein sein, wenn des Himmels Heer
nicht rein Dir erscheint?
An dem Feuchten zehrt das Feuer, wieviel mehr am dürren
Grase.
Bis an seinen Sterbetag wartest Du auf Buße, ihn dem Leben zu
gewinnen.

Finsternis ist Dir hell wie Licht, Dein Auge durchdringt das All:
Verborgen ist Deine Wohnstätte, jedes Geheimnis Dir bekannt.
Bis an seinen Sterbetag wartest Du auf Buße, ihn dem Leben zu
gewinnen.

Der Völkern und einzelnen ihr Teil zumißt, von keinem des
Unrechts geziehen.
Bis an seinen Sterbetag wartest Du auf Buße, ihn dem Leben zu
gewinnen.

Bußgebet

Schone Deines Volkes   [37]

Erscheint der Mensch am Tage der Rechenschaft, was kann er
erwidern?
Vor Gericht gekommen, wie mag vor dem Richter er das
Haupt erheben?
Kann er des Schöpfers Verweis ertragen, wenn Urteil gefällt
wird und Recht?
Siehe von Deiner Höhe mit Erbarmen auf Deine Welt hernieder,
und schone Deines Volkes!
Eines Sterblichen Wandel ist Unrecht, Trug, Schwören und
Lügen;
ist nicht all sein Tun wüst, leer, der Eitelkeiten eitelstes?
Steht er vor Gericht, muß er, was er getan, bekennen.
Siehe von Deiner Höhe mit Erbarmen auf Deine Welt hernieder,
und schone Deines Volkes!
Tut er Verdienstliches im Leben, hat er Hoffnung;
wenn die Missetat er bekennt und ihr entsagt, findet er Erbarmen;
wirkt er Gutes, bevor er vor Gericht kommt – es rettet ihn
von der Gruft.
Siehe von Deiner Höhe mit Erbarmen auf Deine Welt hernieder,
und schone Deines Volkes!
Sein großer Reichtum, die viele Habe, kommt ihm nicht nach;
steigt er in die Grube, läßt Fremden er das Seinige;
geht's mit ihm zu Ende am Todestage, da hilft niemand.
Siehe von Deiner Höhe mit Erbarmen auf Deine Welt hernieder,
und schone Deines Volkes!

Bußgebet

Von Dir zu Dir   [38]

Und suchst Du meine Sünde,
flieh' ich vor Dir – zu Dir:
Ursprung, in den ich münde,
Du nah und fern bei mir.

Wie ich mich wend' und drehe,
geh' ich von Dir – zu Dir.

Die Ferne und die Nähe
sind aufgehoben hier.

Von Dir zu Dir mein Schreiten,
mein Weg und meine Ruh',
Gericht und Gnad', die beiden,
bist Du und immer Du.

Salomo ibn Gabirol

Du kennst meinen Wandel   [39]

Dir, der mich erzeugt und gebildet,
gehört alles, was ich hab' und bin.
Würdest Du mit strengem Maße richten:
Offen wäre mir die Hölle beim Beginn.
Du kennst meinen Wandel, mein geheimes Tun:
Beschäme mit Verurteilungen nicht den Blöden,
in dem betörter Sinn, nicht Wille, sich vergangen;
laß die Reue, nicht die Fehler, reden . . .
Ein verwundet Herz, das bereuet,
wird Deine Großmut bergen,
wenn auch spotten meine Schergen:
„Wälze Dich in Asche, Du wirst nicht befreiet!"
Nein! Du bleibst, der Du stets gewesen,
Deine Liebe verläßt mich heute nicht;
die Verirrten wird entlassen der Vater vom Gericht,
die Gefangenen der Held erlösen.

Ephraim ben Isaac

Wir haben immer zu beten   [40]

Menschen bauen jetzt Maschinen, die in Stunden,
Minuten oder sogar Sekunden ausrechnen können, wozu
eines normalen Mannes Hirn Jahre, Monate oder
Wochen brauchte. Wir sollen uns Gott nicht vorzustellen
versuchen, weil das den Begriff begrenzt, den wir
von ihm besitzen könnten.

Trotzdem aber sollten wir voraussetzen,
daß Gottes Macht zu den Größen, die wir
erfassen können, sich doch mindestens so verhält, wie die der Maschinen sich zu
uns verhält.

Das aber heißt, wir haben die Hoffnung,
daß Gott unser Gebet wahrnimmt.

Wie und warum er dann auf die eine
oder die andere Art über uns entscheidet,
bleibt ein wohl unlösbares Geheimnis.

Aber wir haben eine Hoffnung bemerkt
zu werden, wenn wir beten. Wir haben immer
zu beten.

Arnold Schönberg

Von Dir – mit Dir   [41]

Unerkannter – Unerschauter,
Du Gott der Väter – hörst Du mir auch zu?
Weißt Du von mir? Und ist Dir mein Erschauern
mehr – als das Beben eines Halms im Wind?
Horchst Du denn meinem Wort mehr als dem Murmeln
des Quells, der dort hinab zu Tale rinnt?
Wer weiß! Der Baum glaubt auf zu Dir zu rauschen.
Und doch ist's nur Dein Sturm, der durch ihn weht –
So – sprichst vielleicht aus mir – Du – zu Dir selber . . .
Zwiesprach von Dir – mit Dir – ist mein Gebet!

Richard Beer-Hofmann

Lieb mich, Himmel   [42]

Ich bin zu gläubig in die Welt gegangen,
zu tief enttäuscht aus ihr zurückgekehrt.
Aus allen Qualen trieb mich Heimverlangen:
Herr, mach mich wieder Deiner Nähe wert!

Jahrzehnte wie in einem Turm gefangen
blieb ich in mir, und keines Blitzes Schwert
und kein Vulkan ließ mich erschüttert bangen.
O Herr, zu streng hast Du mich Leid gelehrt!

Elias Wagen wurde mein Gefährt,
von Purpurgluten, meinem Blut, verklärt.
In seinen Feuern lohten alle Flammen,
die Brände meiner Seelenwunden mit.

Zu lange schien mich Satan zu verdammen.
Nun lieb mich, Himmel, weil ich Höllen litt!

Arthur Silbergleit

III. Der Helfer

„Ich bin bei dir, daß ich dir helfe"
(Jer 15,20)

Du bist mir Zuflucht und Burg   [43]

Wer im Schutz des Höchsten wohnt
und ruht im Schatten des Allmächtigen,
der sagt zum Herrn: „Du bist für mich Zuflucht und Burg,
mein Gott, dem ich vertraue."
Er rettet dich aus der Schlinge des Jägers
und aus allem Verderben.
Er beschirmt dich mit seinen Flügeln,
unter seinen Schwingen findest du Zuflucht,
Schuld und Schutz ist dir seine Treue.
Du brauchst dich vor dem Schrecken der Nacht nicht zu fürchten,
noch vor dem Pfeil, der am Tag dahinfliegt,
nicht vor der Pest, die im Finstern schleicht,
vor der Seuche, die wütet am Mittag.
Fallen auch tausend zu deiner Seite,
dir zur Rechten zehnmal tausend,
so wird es doch dich nicht treffen.
Ja, du wirst es sehen mit eigenen Augen,
wirst zuschauen, wie den Frevlern vergolten wird.
Denn der Herr ist deine Zuflucht,
du hast dir den Höchsten als Schutz erwählt.
Dir begegnet kein Unheil, kein Unglück naht deinem Zelt.
Denn er befiehlt seinen Engeln,
dich zu behüten auf all deinen Wegen.
Sie tragen dich auf ihren Händen,
damit dein Fuß nicht an einen Stein stößt;
du schreitest über Löwen und Nattern,
trittst auf Löwen und Drachen.
Weil er an mir hängt, will ich ihn retten;
ich will ihn schützen, denn er kennt meinen Namen.

Wenn er mich anruft, dann will ich ihn erhören.
Ich bin bei ihm in der Not,
befreie ihn und bringe ihn zu Ehren.
Ich sättige ihn mit langem Leben
und lasse ihn schauen mein Heil.

Psalm 91

Der Herr ist mein Hirte   [44]

Der Herr ist mein Hirte, nichts wird mir fehlen.
Er läßt mich lagern auf grünen Auen
und führt mich zum Ruheplatz am Wasser.
Er stillt mein Verlangen,
er leitet mich auf rechten Pfaden, treu seinem Namen.
Muß ich auch wandern in finsterer Schlucht,
ich fürchte kein Unheil;
denn Du bist bei mir,
Dein Stock und Dein Stab geben mir Zuversicht.
Du deckst mir den Tisch vor den Augen meiner Feinde.
Du salbst mein Haupt mit Öl, Du füllst mir reichlich den Becher.
Lauter Güte und Huld werden mir folgen mein Leben lang,
und im Haus des Herrn darf ich wohnen für lange Zeit.

Psalm 23

Ein Zufluchtsort und eine Hoffnung   [45]

In meiner Not rief ich des Herren Namen an,
ich hoffte auf des Jakobsgottes Hilfe
und ward gerettet.
Den Armen bist Du, Gott,
ein Zufluchtsort und eine Hoffnung.
Wer kann wohl anders, Gott, Dich loben
als aufrichtig?
Was kann der Mensch denn anders tun,
als Deinem Namen singen?
Aus frohem Herzen einen neuen Psalm mit Liederklang,
der Lippen Frucht auf wohlgestimmtem Instrument der Zunge,

der Lippen Erstling aus dem frommen und gerechten Herzen,
wer dieses bringt,
wird von dem Unglück nie erschüttert.

Psalm Salomos

Du hast mich erhoben   [46]

Ich preise Dich, Herr!
Denn Du hast meine Seele aus Verderben erlöst
und aus der Unterwelt Abgrund,
Du hast mich erhoben zu ewiger Höhe,
ich wandle auf ebenem Plan ohne Grenze.

Ich weiß, daß es Hoffnung gibt für den,
den Du gebildet aus Staub für den ewigen Rat.
Den verkehrten Geist hast Du gereinigt
von großer Verschuldung,
daß er sich hinstelle an den Standort
mit dem Heere der Heiligen
und in die Einung eintrete
mit der Gemeinde der Himmlischen.
Du warfst dem Manne ein ewiges Los
mit den Geistern des Wissens,
Deinen Namen zu laben im gemeinsamen Jubel
und zu verkünden Deine Wunder vor all Deinen Werken.

Hymnenrolle von Qumran

Du zeigest Deine Wunderkräfte   [47]

Du, Herr, kennst ganz allein
die Tiefen in der Welt zum voraus;
was in den Zeiten sich ereignet,
führst Du ja durch Dein Wort herbei.
Der Erdbewohner Werke wegen
bringst Du so schnell der Zeiten Anfänge herbei;
der Zeitabschnitte Ende kennst nur Du allein.
Du, dem nichts allzu schwer,

der alles leicht durch einen Wink vollführt,
zu dem die Tiefen wie die Höhen kommen,
und dessen Worten auch die Anfänge der Welten dienstbar
sind,
der denen, die ihn fürchten, offenbart,
was ihnen zubereitet ist,
um sie auf diese Art zu trösten!
Du zeigest Deine Wunderkräfte denen, die nicht kundig,
machst eine Öffnung in den Zaun
für die, die unerfahren sind,
erhellst die Dunkelheiten
und offenbarst das Verborgene den Makellosen,
die sich im Glauben Dir und dem Gesetze hingegeben.

Baruch-Apokalypse

Birg uns im Schatten Deiner Flügel   [48]

Hilf uns um Deines Namens willen, und beschirme uns. Halte fern
von uns einen Feind, Pest und Schwert und Hunger und Seufzen;
halte fern den Satan vor uns und hinter uns, und birg uns im
Schatten Deiner Flügel; denn ein Gott bist Du, der uns behütet
und uns errettet; denn ein Gott bist Du, der ein gnädiger und
barmherziger König ist. Behüte unsren Ausgang und unsren Ein-
gang zum Leben und zum Frieden von nun an und bis in Ewigkeit.
Gepriesen seist Du, Jahwe, der sein Volk Israel behütet ewiglich!

Abendsegen

Erlöse uns   [49]

Verleihe Erkenntnis; hast Du Erkenntnis verliehen, dann habe Wohlgefallen an unsrer Buße; hast Du Wohlgefallen an unsrer Buße,
dann vergib uns; hast Du uns vergeben, dann erlöse uns; hast Du
uns erlöst, dann heile unsre Kranken; hast Du unsre Kranken geheilt, dann segne unsre Jahre; hast Du unsre Jahre gesegnet, dann
sammle uns (aus der Zerstreuung); hast Du uns gesammelt, dann
richte uns mit Barmherzigkeit; hast Du uns gerichtet mit Barmherzigkeit, dann beuge nieder, die sich gegen uns erheben; hast Du

niedergebeugt, die sich gegen uns erheben, dann rechtfertige uns im Gericht; hast Du uns gerechtfertigt, dann baue Dein Haus, und höre unsere Gebete, und habe darin Wohlgefallen an uns.

Rabbi Acha

Gnade und Erbarmen in Deinen Augen   [50]

Möge es Dein Wille sein, o Herr, mein Gott, daß Du mich in Frieden führest, daß Du mich in Frieden schreiten lassest, daß Du mich in Frieden stützest, daß Du mich aus der Hand jedes Feindes und jedes Wegelagerers errettest, daß Du den Segen in meiner Hände Arbeit sendest, daß Du mich Gunst, Gnade und Erbarmen in Deinen Augen und in den Augen aller, die mich sehen, finden lassest. Gepriesen seist Du, o Herr, der Du das Gebet erhörest.

Rabbi Jakob

Ja, mach frei uns   [51]

Unser Gott, unser Vater,
Du uns weide,
Du uns speise,
Du uns pflege,
Du uns nähre,
uns befreie –
Ja, mach frei uns, Gott, unser Gott,
bald von all unsern Nöten.

Tischgebet

Deine Liebe walte über uns   [52]

Der sich erbitten läßt zum Erbarmen, der sich versöhnen läßt durch Flehen, laß Dich erbitten, und versöhne Dich dem elenden Geschlecht, denn es ist ohne Helfer.
Und wir, wir wissen nicht, was wir tun sollen – sondern auf Dich sind unsre Augen gerichtet. Gedenke Deines Erbarmens, Gott, und Deiner Gnade, denn seit Ewigkeit sind sie. Deine Liebe walte über uns, Gott, wie wir auf Dich harren! Gedenke uns nicht die frühe-

ren Sünden, laß uns schnell Dein Erbarmen entgegenkommen, denn wir sind sehr schwach. Sei uns gnädig, Gott, sei uns gnädig, denn übersatt sind wir der Verachtung. Im Zorn gedenke des Erbarmens! – Denn er kennt unsre Bildung, er weiß, daß wir Staub sind.

Hilf uns, Gott unsres Heils, zur Ehre Deines Namens, und versöhne unsre Sünden um Deines Namens willen.

Bußgebet am Montag und Donnerstag

Allgütiger ist Dein Name [53]

Wir danken Dir, Ewiger, unser Gott und Gott unsrer Väter, Herr unsres Daseins und Schirm unsres Heils für alle Zeiten; wir danken Dir und verkünden Dir Preis für unser Leben, das in Deiner Hand ist, für unsre Seelen, die Dir befohlen sind, für die Wunder, die Du alltäglich uns erzeigst, für die Wohltaten und Gnaden, die Du fort und fort uns erweisest. Allgütiger, Dein Erbarmen ist unendlich, Allerhalter, Deine Gnade hört nie auf, darum hoffen wir auf Dich in Ewigkeit. Und alles, was lebt, möge Dir danken und Deinen Namen in Wahrheit preisen, der Du unser Heil und unsre Hilfe bist. Gepriesen seist Du, Ewiger, Allgütiger ist Dein Name, und Dir allein gebühret unser Dank.

Täglicher Lobpreis

Ich rufe aus der Enge [54]

Antworte mir, o Herr! antworte,
wenn ich rufe aus der Enge;
empfunden werd' es von den Völkern,
daß nie zu kurz Deine Hand.
Verschmähe nicht des Armen Leid,
er klaget über Feindes Strenge;
hat Reines er entweiht,
er hat es auch bereut
und offen die geheime Tat bekannt.

Darf reden, sich beklagen
und pochen auf sein Recht

das Geschöpf der Erden
mit dem Leib aus Staub gewebt?
Aufgezeichnet ist sein Dichten,
ist sein Verrichten
und die Tage, die er lebt.

Jehuda ben Balam

Dein ist die Herrschaft über alles [55]

Wunderbar sind Deine Werke,
und meine Seele es erkennt und weiß,
Dein, o Gott, ist die Macht und die Größe,
Dein ist die Herrschaft über alles,
der Reichtum und die Ehre.
Die Geschöpfe der Höh' und Tiefe bezeugen, daß Du dauerst,
wenn sie sinken ins Leere.
Dein ist die Kraft, an deren Geheimnis
ermüdet der Gedanke;
denn Du bist mächtiger
als seine Schranke.
Dein der Allmacht Hülle,
das Geheimnis und der Urgrund.
Dein der Name, verborgen den Männern des Lichts,
und die Kraft, haltend die Welt überm Nichts,
die Verborgenes offenbart am Tage des Gerichts ...
und der Thron, erhaben über aller Hoheit Fülle,
und die Wohnung in des Äthers Geheimnis-hülle.
Dein das Dasein, dessen Lichte entstrahlet alles Leben,
davon wir sagen, daß wir nur in seinem Schatten weben.

Salomo ibn Gabirol

Alles, Herr [56]

Seraphim-Gewühl und Kerub-Spiel,
sie kommen, sie gehen, mit Sturmeswehen.

Sonnengefunkel und Monde und Dunkel;
Berge, grausige, kahl, Schatten und Bäume im Tal.

Seelen, Menschen und Tiere, Wundergebilde;
Basaltgefilde, Perlen, Saphire.

Hoch über Bergessäulen die Himmel siebenfach teilen,
wo der Planet, das Sternbild des Reisenden Führer und Schild.

Kleinode und Gold und heilende Stoffe,
dem Leidenden hold flüstern sie: Hoffe!

Herrscher und Reiche, Heere und Schlachten,
Meere, Ströme, Teiche, Metalle in Schachten –

Alles, Herr, hast Du verrichtet, jegliches ist Dein Besitz;
Ein Wink, ein Blitz – und alle sind vernichtet.

Isaac Giat

Du Quell des wahren Lebens   [57]

Du Quell des wahren Lebens, wie lauf' ich nicht nach Dir?
Hab' alles aufgegeben; das irre, wirre Leben, was ist es mir?

Nur Dich, nur Dich zu schauen, sehnt meine Seele sich:
Vor Dir nur will ich beben, kenn' keine Kraft im Leben
als Deine, Herr, als Dich.

Könnt' ich im Traum Dich finden, wie gerne schlief' ich ein:
Wollt' nimmer auferstehen, nein, schlafen, träumen, sehen
und stille sein.

Könnt' Dich im Herzen schauen Dein armes Erdenkind:
Hätt' ich Dich nur da drinnen, so jauchzte all mein Sinnen,
und gerne wär' ich blind!

Jehuda Halevi

Mein Sterben wie mein Leben   [58]

Du stillst in mir die Stürme wieder,
vor Dir werf' ich mich anbetend nieder,
Deiner Hand sei übergeben mein Sterben wie mein Leben;
Du, mein Gott, heilest meine Schmerzen,

vernimmst es, was ich seufze tief im Herzen.
Mich kümmert fürder nicht das Morgen,
der Schätze beraubt, bleibe ich geborgen,
ich darf um die Ereignisse nicht sorgen.
Stehet Deine Liebe treu
mir, wenn ich geh' und komme bei . . .

Immanuel ben Salomo

Licht der Welt   [59]

Freund der Seele, barmherziger Vater, ziehe Deinen Knecht zu
Deinem Willen. Es möge eilen Dein Knecht, wie ein Reh vor Deiner Herrlichkeit sich bücken.

Es sei ihm süßer Deine Freundschaft als Honig und alle Ge-
schmäcke. O Prächtiger, o Schöner, Licht der Welt, meine Seele
krankt nach Deiner Liebe.

Ich bitte Dich, o Gott, ich bitte, o heile sie, indem Du ihr Dein lie-
bes Licht zeigst.

Dann wird sie geheilt und stark sein, der ewigen Freude teilhaftig.
O Starker, es möge Dein Erbarmen wallen, erbarme Dich Deines
geliebten Sohnes.

Denn wie lange sehne ich mich schon, in Siegesglanz Deine Pracht
zu schauen.

Mein Gott! Sehnsucht meines Herzens, erbarme Dich, bleib nicht
verborgen.

Rabbi Elieser Askari

Deine Liebe, Ewiger, über uns   [60]

„Es sei Deine Liebe, Ewiger, über uns, so wie wir auf Dich harren"
(Ps 33,22). Obwohl wir keine Kraft haben, auf Dich zu harren, sei
dennoch Deine Liebe, Ewiger, über uns, als ob wir auf Dich harren.

Baruch von Miedzyborz

Leben, Leben, Leben   [61]

Gott, das Leben in Deiner Welt ist schön, ist voller Freuden, voller
Glück, Genugtuung und Reinheit. Tausende und Abertausende
von Menschen freuen sich zu dieser Stunde der edlen Gaben, die
Du ihnen zugeteilt hast. Myriaden von Herzen sind in diesem Augenblick erfüllt von Frieden und Ruheseligkeit, von Glauben und
Zuversicht, von Gebet und Danksagung. Myriaden junger Menschen spüren jetzt in allen ihren Nerven die Gewalt der Liebe und
der Sehnsucht, der Lebensfreude und des Genusses. Leben, Leben, Leben – Du, mein Gott!

Mordechai Seew Feierberg

Ich bin in Deiner Hand   [62]

. . . Ich weiß nicht, welcher Weg mich führt dahin,
wo endlich meine Sonne hell wird scheinen,
wo sich in Liebe die Getreuen alle einen,
ich weiß nicht, welcher Weg mich führt dahin . . .

Geh' ich zum Ziel? Werd' ich im Wege irren?
So magst Du, Vater, denn die Pfade mir entwirren,
ich gebe mich, mein Gott, in Deine Hand.

Du führtest mich dereinst durch Meeresflut
und bahntest mir durch Wüsteneien Straßen,
Du wirst auch jetzt mich nicht am Wege sterben lassen,
Du nimmst den Wanderer in Deine Hut.

Und so, mein Gott, getreu Dir zugewandt,
nehm' ich getrost den alten Wanderstecken.
Und mögen Stein und Dorn die Wege mir bedecken,
mein Herr und Gott, ich bin in Deiner Hand.

Morris Rosenfeld

In guten Händen   [63]

Immer wieder – aus großer Not – brandet mein Schiff
an sichere Ufer –
Der mich bewahrte vor jedem zerstörenden Riff
der große Rufer –
immer wieder lenkt mich Sein großer Wille
in die Geborgenheit – in die Stille
guter Hände –

Immer wieder – aus großer Not – ruhe ich aus
in geborgener Stille –
Wohin es mich treibt – Er geht mir voraus.
Immer Sein Wille
jagt mich durch Leiden bis vor Sein Gericht.
Nun ruhe ich lächelnd in Seinem Licht
in guten Händen –

Anna Joachimsthal-Schwabe

Du gedenkst   [64]

Alles Vergeßnen
gedenkst Du von Ewigkeit her.

Du gedenkst der Fußspur, die sich mit Tod füllte
bei dem Annahen des Häschers.
Du gedenkst der bebenden Lippen des Kindes,
als sie den Abschied von seiner Mutter erlernen mußten.
Du gedenkst der Mutterhände, die ein Grab aushöhlten
für das an ihrer Brust Verhungerte.
Du gedenkst der geistesverlorenen Worte,
die eine Braut in die Luft hineinredete zu ihrem toten
Bräutigam.

Nelly Sachs

IV. Der Herr Israels

„Ich, der Herr, der Gott Israels!"
(Jes 45,3)

Du, Herr, Gott Israels   [65]

Gepriesen bist Du, Herr, Gott unseres Vaters Israel, von Ewigkeit
zu Ewigkeit. Dein, Herr, sind Größe und Kraft, Ruhm und Glanz
und Hoheit; Dein ist alles im Himmel und auf Erden. Herr, Dein ist
das Königtum. Du erhebst Dich als Haupt über alles. Reichtum
und Ehre kommen von Dir; Du bist der Herrscher über das All. In
Deiner Hand liegen Kraft und Stärke; von Deiner Hand kommen
alle Größe und Macht. Darum danken wir Dir, unser Gott, und
rühmen Deinen herrlichen Namen.

König David

Du, Herr, bist unser Vater   [66]

Die Huld des Herrn will ich preisen,
die ruhmreichen Taten des Herrn,
alles, was der Herr für uns tat, seine große Güte,
die er dem Haus Israel erwies
in seiner Barmherzigkeit und seiner großen Huld.
Er sagte: Sie sind doch mein Volk,
meine Söhne, die nicht enttäuschen.
Er wurde ihr Retter in jeder Not.
Nicht ein Bote oder ein Engel,
sondern sein Angesicht hat sie gerettet.
In seiner Liebe und seinem Mitleid
hat er selbst sie erlöst.
Er hat sie emporgehoben und sie getragen
in all den Tagen der Vorzeit.
Sie aber lehnten sich gegen ihn auf
und betrübten seinen heiligen Geist.
Da wandelte er sich und wurde ihr Feind,

ja, er führte Krieg gegen sie.
Nun dachten sie an die Tage der Vorzeit,
die Zeit seines Knechtes Mose:
Wo ist der, der den Hirten seiner Schafe aus dem Meer
herausgeführt hat?
Wo ist der, der seinen heiligen Geist in ihn gelegt hat,
der an der rechten Seite des Mose ging
und ihm half mit mächtigem Arm,
der das Wasser vor ihnen zerteilte,
um sich ewigen Ruhm zu verschaffen,
der sie durch die Fluten führte
wie Pferde durch die Steppe, ohne daß sie strauchelten?
Der Geist des Herrn ließ sie zur Ruhe kommen,
wie das Vieh, das ins Tal hinabzieht.
So führtest du einst dein Volk,
um dir herrlichen Ruhm zu verschaffen.
Blick vom Himmel herab, und sieh her
von deiner heiligen, herrlichen Wohnung!
Wo ist dein leidenschaftlicher Eifer und deine Macht,
dein großes Mitleid und dein Erbarmen?
Halte dich nicht von uns fern!
Du bist doch unser Vater;
denn Abraham weiß nichts von uns,
Israel will uns nicht kennen.
Du, Herr, bist unser Vater,
„Unser Erlöser von jeher" wirst du genannt.

Deutero-Jesaja

Unser Schirmherr bist nur Du   [67]

Du selber strafe uns nach Deinem Willen!
Doch gib uns nicht den Heiden preis!
Denn, schickst Du auch den Tod,
so bist doch Du's,
der unsertwegen ihm gebietet.
Du bist ja so barmherzig
und zürnst nicht, bis wir ganz dahin.

Dein Name wohnt bei uns;
Erbarmen finden wir.
Das Heidenvolk obsiegt nicht über uns.
Denn unser Schirmherr bist nur Du.
Kaum rufen wir Dich an,
hörst Du auf uns.
Denn Du erbarmst Dich allzeit des Geschlechtes Israel,
verstößt es nicht.
Wir stehen allzeit unter Deinem Joch
und unter Deiner Zuchtrute.
Doch richtest Du uns auf,
kommt Deines Helfens Zeit;
dem Jakobs Haus zeigst Du Erbarmen auf den Tag,
für den Du es versprochen.

Psalm Salomos

Für mich und sie   [68]

Du bist der Einzige;
das einzige Gebilde Deiner Hände sind auch wir,
wie Du es selbst gesagt.
Jetzt gibst Du Leben unserm Leib,
den Du im Mutterschoß gebildet,
und gibst ihm seine Glieder,
und Dein Geschöpf erhält sich in dem Feuer und dem Wasser;
neun Monde trägt ja Dein Gebilde Dein Geschöpf,
das Du in ihm geschaffen hast.
Das, was verwahrt, und das Verwahrte, beide,
sie werden nur verwahrt dadurch,
daß Du sie selbst verwahrst.
Und gibt die Mutter wiederum zurück,
das, was in ihr erschaffen ward,
alsdann befiehlst Du ihren Gliedern, ihrer Brust,
der Brust Erzeugnis, Milch, zu spenden,
daß das Geschöpf gewisse Zeit genährt werde.
Dann leitest Du's nach Deinem Mitgefühl
und gibst ihm Speis nach Deiner Liebe

und unterrichtest es nach dem Gesetze Dein,
belehrst's in Deiner Weisheit.
Du magst es töten,
Dein Geschöpf bleibt es;
Du magst's am Leben lassen,
Dein Werk ist es.
Machst Du jedoch durch Dein Geheiß
mit einem raschen Wort zunichte,
was unter so viel Müh' gebildet ward,
wozu entstand es dann? Doch will ich zugeben:
Was alle Menschen anbelangt,
das magst Du besser wissen.
Doch wie verhält es sich mit Deinem Volk,
das mir so leid tut,
mit Deinem Erbe, worum ich sorge?
Deswegen heb' ich an,
vor Dir für mich und sie zu beten;
denn ich erblick' uns alle tief in Sünden,
die wir auf Erden leben.
Dazu vernahm ich von dem Ernst des kommenden Gerichtes.
Deshalb hör meine Stimme!
Merk auf meine Worte!   *Esdras*

Nun schenke, Herr   [69]

Du weißt besser als alle, Herr,
was des Meeres Herz bewegt,
bevor es zornig wird;
Du hast die Sternbilder erforscht,
die Gestirne gezählt und den Regen bestellt.
Du kennst den Geist aller Geschlechter,
bevor sie geboren werden.
Nun schenk, Herr, Deinem Volk
ein weises Herz und einen klugen Sinn!
Wenn Du dann Deinem Erbteil jene Anordnungen gibst,
so werden sie nicht mehr vor Dir sündigen,
und Du wirst ihnen nicht mehr zürnen.   *Ps-Philo*

Wir, Dein heiliges Volk   [70]

Gepriesen sei Israels Gott, der Gnade bewahrt seinem Bund
und Bezeugungen der Hilfe dem Volke seiner Erlösung.
Er beruft die Strauchelnden zu wunderbaren [Krafttat]en,
doch der Völker Aufgebot rafft Er dahin
zur Vernichtung ohne Rest.
Um zu erheben durchs Gericht das zerflossene Herz
und zu öffnen den Mund der Verstummten,
daß sie jubeln ob der Machttat[en] Gottes,
und um schlaffen [Hände]n den Kampf zu lehren.
Der den Knieweichen festen Stand verleiht
und aufrechte Haltung dem zerschlagenen Rücken . . .
Du richtest die Fallenden durch Deine Kraft auf,
doch die Hochgewachsenen fäll[st] Du, [sie zu erniedrigen].
Keinen Retter gibt es für all ihre Helden
und keine Zuflucht für ihre Schnellen.
Ihren Würdenträgern zahlst Du's zur Verachtung heim
und all [ihr] nichti[ges] Sein [wird gleich Nich]ts.
Aber wir, Dein heiliges Volk, loben Deinen Namen ob Deiner
Wahrheit Werke
und preisen wegen Deinen Machterweisen Deine Ma[jestät].

Kriegsrolle von Qumran

Erbarme Dich über uns   [71]

Mit großer Liebe hast Du uns geliebt, Jahwe, unser Gott, mit
großer und übergroßer Schonung hast Du über uns schonend ge-
waltet. Unser Vater, unser König, wegen unsrer Väter, die auf
Dich vertrauten, und die Du die Satzungen des Lebens lehrtest, sei
auch uns gnädig, und lehre uns. Unser Vater, barmherziger Vater,
erbarme Dich über uns, und gib in unser Herz, daß wir einsehen
und verstehen, hören, lernen und lehren, beobachten und halten
alle Worte der Belehrung Deiner Tora. Erleuchte unsere Augen
durch Deine Lehren, und laß unser Herz an Deinen Geboten han-
gen, und unser Herz ungeteilt sein in Liebe und Ehrfurcht vor Dei-

nem Namen, daß wir nimmer zuschanden werden in alle Ewigkeit; denn auf Deinen großen und furchtbaren heiligen Namen vertrauen wir. Wir wollen frohlocken und fröhlich sein in Deiner Hilfe.

Morgengebet

In Deiner Freude   [72]

Herr aller Welten! Nicht um unsrer Gerechtigkeit willen werfen wir unser Flehen vor Dich, sondern um Deine große Barmherzigkeit.
Was sind wir,
was unser Leben,
was unser Lieben,
was unsre Gerechtigkeit,
was unser Heil,
was unsre Kraft,
was unsre Macht?
Was sollen wir vor Dir sagen, Ewiger, unser Gott und Gott unsrer Väter?
Sind nicht alle Helden wie nichts vor Dir,
die Berühmten, als wären sie nicht,
die Weisen wie ohne Wissen,
die Verständigen wie ohne Verstand?
Denn ihre vielen Taten sind nichtig und ihre Lebenstage ein Hauch vor Dir. Und der Vorzug des Menschen vorm Vieh ist nichts, denn alles ist ein Hauch.
Und doch sind wir Dein Volk, Kinder Deines Bundes. Kinder Abrahams, Deines Freundes, dem Du geschworen am Berg Moriah, Nachkommen Isaaks, seines Einzigen, der gebunden war auf dem Altar, die Gemeinde Jakobs, Deines Sohnes, Deines Erstgeborenen – in Deiner Liebe, damit Du geliebt, in Deiner Freude, damit Du Dich an ihm gefreut, nanntest Du seinen Namen Israel und Jeschurun.
Darum sind wir verpflichtet, Dich zu loben, zu preisen, zu rühmen, zu segnen und zu heiligen, Preis und Lob Deinem Namen zu geben. Heil uns! wie gut ist unser Teil, wie lieblich unser Los, wie schön unser Erbe! Heil uns! daß wir früh und spät, Abend und

Morgen, an jedem Tag ständig in Liebe sprechen: Höre, Israel! der
Ewige, unser Gott, der Ewige ist einzig.

Morgengebet am Werktag

Unser Gott und Gott unserer Väter   [73]

Du hast uns erwählt aus allen Völkern, uns geliebt und Gefallen an
uns gefunden, uns erhoben über alle Zungen, uns geheiligt durch
Deine Gebote, uns nahegebracht, unser König, Deinem Dienste
und Deinen großen und heiligen Namen über uns genannt ...
Unser Gott und Gott unserer Väter, laß aufsteigen und vor Dich
kommen, zu Dir gelangen, vor Dir erscheinen, von Dir gehört, ge-
hegt und bedacht werden unser Gedächtnis und unser Geschick
und das Gedächtnis unserer Väter und das Gedächtnis des Gesalbten, des Sohnes Davids, Deines Knechtes, und das Gedächtnis Jerusalems, Deiner heiligen Stadt, und das Gedächtnis Deines gesamten Volkes, des Hauses Israel, zu Rettung, zu Gutem, zu
Gunst, zu Huld und zu Erbarmen, zu Leben und zu Frieden an diesem Fest ...
Gedenke unser, o Herr, unser Gott, an ihm zu Gutem, und versieh
uns an ihm zu Segen, und befreie uns an ihm zu Leben. Und durch
das Wort der Befreiung und des Erbarmens übe Schonung und begnade uns, ja erbarme Dich unser und befreie uns, denn auf Dich
sind unsere Augen gerichtet, denn ein gnädiger und barmherziger
Gott-König bist Du.

Einleitung des Hauptsegens an allen Festen

Herr des Friedens   [74]

Gepriesen Du, o Herr, unser Gott und Gott unserer Väter, Gott
Abrahams, Gott Isaaks und Gott Jakobs, Du großer, mächtiger,
furchtbarer Gott, höchster Gott! Eigner des Himmels und der Erde.
Schirm der Väter durch seine Rede, Beleber der Toten durch seinen Spruch.
Heiliger Gott, dem nichts gleich ist, der Ruhe gewährt seinem Volk
am Tag seines heiligen Sabbats. Denn an ihnen hat er Gefallen gefunden, ihnen Ruhe zu gewähren.

Vor seinem Antlitz wollen wir dienen in Furcht und Beben und seinem Namen danken alle Tage beständig gemäß den Segnungen. Gott der Danksagungen, Herr des Friedens, der den Sabbat heiligt und den Siebenten segnet und Ruhe in Heiligkeit gewährt dem Volk der von Ergötzen Durchtränkten – Gedenken an das Schöpfungswerk.

Einleitung zu dem Sabbat-Hauptsegen

Erbarme Dich des Eigentums, das Du erwählt   [75]

Ewiger, Gott Israels, wende Deine Zornesglut, und wandle um das Böse des Verhängnisses über Deinem Volk.
Schau nieder vom Himmel und siehe, wie wir zu Schmach und Hohn unter den Völkern sind gleich dem Schafe, das zur Schlachtbank geführt wird, bestimmt zum Tode, zum Verderben, zu Schmerz und Schande.
Und dennoch, Deinen Namen haben wir nicht vergessen. Mögest Du auch uns nicht vergessen.
Feinde sagen: Sie haben keinen Trost und keine Hoffnung mehr. Sei gnädig einem Volke, das zu Deinem Namen hofft. Reiner, bringe heran unser Heil. Wir sind zerknirscht und haben keine Ruhe. Möchte Deine Barmherzigkeit Deinen Zorn von uns abwenden.
Ach, wende ab Deine Zornesglut, und erbarme Dich des Eigentums, das Du erwählt.
Sei unser Schutz, Ewiger, durch Deine Barmherzigkeit. Laß uns nicht in die Hände der Grausamen fallen. Warum sollen die Völker sagen können: Wo ist denn ihr Gott? Um Deiner selbst willen begnadige uns, und zögere nicht.
Ach, wende ab Deine Zornesglut, und erbarme Dich des Eigentums, das Du erwählt.
Erhöre unsere Stimme, und sei gnädig. Laß uns nicht fallen in die Hand unserer Feinde, daß unser Name nicht vertilgt werde. Gedenke, was Du unseren Vätern zugeschworen hast: Wie die Sterne am Himmel soll Euer Same sein. Und jetzt sind wir zu einem geringen Überrest geworden.
Und dennoch, Deinen Namen haben wir nicht vergessen. Möchtest Du auch uns nicht vergessen.

Hilf uns, Gott unseres Heils, um der Herrlichkeit Deines Namens willen.

Errette uns, und vergib uns unsere Sünden um Deines Namens willen. Ewiger, Gott Israels, wende zurück Deine Zornesglut, und wandle um das Böse des Verhängnisses über Deinem Volk.

Bußgebet am Montag u. Donnerstag morgen

Auf Dich vertrauen wir   [76]

Warum das Haupt vor Gott erheben
und nicht liegen schamverhüllt, ergeben?
Wir haben ja gesündigt und verraten,
und viele schlechte Taten – verübten wir.

Auf Sinai er sprach: Ich bin dein Gott;
wir erwiderten: Wie Du ist keiner, Gott.
Vierzig Tage waren kaum verflossen,
und mit dem Kalb, das wir gegossen – tauschten wir.

Aus seinen Himmeln ließ der Erhabene uns hören:
Keinen anderen Gott ihr neben Ehje dürft verehren,
Ich bin der Erste, bin der Letzte, kann beleben und zerstören.
Dennoch mit fremden Göttern verkehren – wir.

Er schloß den Bund mit uns: „Es gilt,
daß nicht zu finden sei bei dir ein Bild;
hältst du das, bleib' ich dein Schild."
Doch schnitzten jeglich Abbild – wir.

„Ehre deine Eltern, sie trugen für dich Mühen,
plagten sich, dich großzuziehen:
Dann wird langes Leben dich ergötzen."
Aber Vater und Mutter geringschätzen – wir.

Er sprach: Der Lügner muß sterben!
Das falsche Zeugnis traf des Herrn Rüge,
Fluch er dem verkündigt, der betrüge.
Dennoch als Lügenzeugen erwerben – wir.

Wir übertraten göttliche Verbote,
vergingen uns gegen Zehngebote;
sühnbedürftig nun zu Dir empor wir schauen,
eilen zu Dir, denn auf Dich vertrauen – wir.

Mebrorach ben Natan

Weh ist mir ums Herz   [77]

Mit Anstrengung schweige ich, und weh ist mir ums Herz,
die vor den Götzen knien, sind mein Schmerz;
stumm ist mein Mund, es brennt mein Herz,
mein Innres zittert im verschloßnen Schmerz.

Zum Verschlingen öffnen sie den Mund, ein Grab ist ihre Kehle;
eine Hast ringsum, wer am gründlichsten mich quäle,
daß in meinem Gram ich die Tage zähle,
ach, wer zu Dir fliegen könnt' aus dieser Höhle!

Benjamin ben Serach

Kannst Du, Herr, kannst Du's ertragen   [78]

Seufzen, Wimmern,
Jammerklagen!
Schwerter klirren,
die mein armes Volk erschlagen,
das die Mörder
noch zu höhnen wagen,
die Entsetzten, Müdgehetzten
aus dem Lande jagen!
Felsenriffe
bluten, wo wir sterbend lagen,
kannst Du, Herr, kannst Du's ertragen?

Pest von Schwindlern
hören wir uns schelten,
als Verruchte, als Verfluchte
läßt man uns nur gelten;
unter Schauern kauern

wir in Höhlen – Todeszelten,
wo die Leiber unsrer Weiber,
unsrer Kleinen sie zerschellten.
So verachtet, hingeschlachtet,
muß ich, muß verzagen,
kannst Du, Herr, kannst Du's ertragen?

Feinde pflanzen
zahllos auf die Zeichen,
schleudern Speere,
die das Herz erreichen,
raufen, schänden das Gesicht mit Bränden,
füllen Gruben mit den Leichen.
Wenn im Tale
tiefgeduckt wir schleichen,
spähn die Schergen von den Bergen,
auf uns loszuschlagen,
kannst Du, Herr, kannst Du's ertragen? …

Wie wir stöhnen
unter solchen Ruten,
an Gestrüpp und Dornen
uns verbluten!
Warum den Tyrannen
gabst Du preis die Guten,
Löwen uns zur Beute,
wilden Wasserfluten?
Wie am Nacken roh sie packen,
Schimpf ins Antlitz sagen,
kannst Du, Herr, kannst Du's ertragen?

Sieh in Not und Drangsal
uns der Hoffnung leben!
Hör uns rufen an den Stufen
Deines Throns mit Beben!
Laß der Armen Dich erbarmen,
die ihr Herz Dir geben!
Darfst, aus Ketten uns zu retten,

uns wie einst zu heben,
darfst, zu trösten die Erlösten,
daß in Lust sie schweben,
darfst nur unsre Tränen fragen,
kannst Du, Herr, kannst Du's ertragen?

Rabbi Meir

Die Zerstreuten, die Dir gehören   [79]

Beherrscher der Welt,
erhabenster Held!
Wohnend im Himmel oben,
den alle Wesen loben
mit unvergänglichem Preis,
der das Leid der Bekümmerten weiß,
sieh auf das Volk nieder,
das unter alle Nationen versprengt
mit Schmach und Schande wird getränkt.
Ihr Rücken, geweiht der Last,
hallt von Stößen und von Schlägen wider,
sie trauern, mit Ungnade gekränkt,
ohne Ruhe, ohne Rast.
Wär' es Abend! rufen sie am Morgen,
wünschen, wenn es dunkelt, Tageslicht;
statt Frieden immer Angst und Sorgen,
sie suchen Trost und finden nicht;
sie sehnen sich nach Glück,
und es trifft sie täglich Mißgeschick:
Begrüßen würden sie den Tod.
Weh, daß Sünde trägt die Schuld!
Wir weichen von dem göttlichen Gebot.
Nun verfahre denn nach Deiner großen Huld,
sammle aus den Ländern, von den Meeren
die Zerstreuten, die Dir gehören.

Mose ben Samuel

Zu Boden gefallen   [80]

Herr der Welt, Israel sind die Tefillin Deines Hauptes. Wenn einem
schlichten Juden die Tefillin zu Boden fallen, hebt er sie sorglich
auf und säubert sie und küßt sie. Gott, Deine Tefillin sind zu Boden
gefallen!

Rabbi Levi Jizchak von Berditschew

Hinauf zu Dir schwillt unsere Qual   [81]

Errette, Herr! der Sand im Land
häuft sich empor, vom Meer der Sand
rieselt und rinnt in unsre Saat.

Zeihest Du uns der Missetat
an Deinem Haupt, an Deiner Hand?
Errett uns, Herr, grau rieselt Sand.

Berg uns, der Höchste sei Dein Knecht!
Sind unsre Opfer Dir zu schlecht?
Such Dir die Sühne, Deiner wert.
Dir Herd und Haus, Dir unser Schwert,
Dein unsrer Frauen Haargeflecht.
Ist Dir Dein Volk, o Herr, zu schlecht?

Verstoß uns nicht! Du warst der Hirt
wo bliebst Du, da wir abgeirrt?
Wir waren Deines Schirms gewiß,
der Fackel in der Finsternis,
wann hat Dein Schild dräuend geklirrt?
Fern warst Du, da wir abgeirrt.

Nun ziehn wir faul im grauen Tal,
hinauf zu Dir schwillt unsre Qual.
Wir wissen nimmer, was geschah.
Wir wissen unser Ende nah.
Wir rufen, Herr, zum letzten Mal.
Herr, wie Du willst! Sieh unsre Qual!   *Karl Wolfskehl*

Bewahr uns Mut und Würde   [82]

Wir beten, Herr, wir beten . . .
Geschändet und getreten
sind unsre Seelen, sieh!
Verfemt sind wir, vertrieben
von allem, was wir lieben,
und wehrlos wie das Vieh.

Gehetzt von Land zu Lande,
als hätten wir die Schande,
die uns geschah, verübt,
sehn wir auf unser Weinen.
Nachts Deine Sterne scheinen,
durch keine Schmach getrübt.

So höre, was wir klagen:
Das Leid, das wir ertragen,
Du weißt es, Herr, ist groß.
Sieh unsre schwere Bürde:
Bewahr uns Mut und Würde.
Doch geht's um uns nicht bloß.

Wir flehen, Herr, wir flehen.
Laß länger nicht geschehen,
daß einer sich vermißt,
Gerichtstag hier zu halten,
als dürft' wie Du er walten,
O Vater, der Du bist!

Leo Schmidl

Alles, alles, alles   [83]

Gott, meine Ahnen lagen auf den Knien
vor Dir, um Dir zu danken,
ich knie abermals.
Was weiß ich mehr als sie?
Sie wußten Dich als einen weisen Vater,

der liebend sie erschaffen,
der liebend sie erhielt,
der alles, alles, alles wußte.
Ich weiß Dich abermals,
und weiß nicht mehr als sie.

Arno Nadel

V. Der Herr aller Völker

„Mein Name ist unter den Völkern groß!"
(Mal 1,11)

Aller Augen warten auf Dich   [84]

Ich will Dich rühmen, mein Gott und König,
und Deinen Namen preisen immer und ewig;
ich will Dich preisen Tag für Tag
und Deinen Namen loben immer und ewig.
Groß ist der Herr und hoch zu loben,
seine Größe ist unerforschlich.
Ein Geschlecht verkünde dem andern den Ruhm Deiner Werke
und erzähle von Deinen gewaltigen Taten.
Sie sollen vom herrlichen Glanz Deiner Hoheit reden;
ich will Deine Wunder besingen.
Sie sollen sprechen von der Gewalt Deiner erschreckenden Taten;
ich will von Deinen großen Taten berichten.
Sie sollen die Erinnerung an Deine große Güte wecken
und über Deine Gerechtigkeit jubeln.
Der Herr ist gnädig und barmherzig,
langmütig und reich an Gnade.
Der Herr ist gütig zu allen,
sein Erbarmen waltet über all seinen Werken.
Danken sollen Dir, Herr, all Deine Werke
und Deine Frommen Dich preisen.
Sie sollen von der Herrlichkeit Deines Königtums reden,
sollen sprechen von Deiner Macht,
den Menschen Deine machtvollen Taten verkünden
und den herrlichen Glanz Deines Königtums.
Dein Königtum ist ein Königtum für ewige Zeiten,
Deine Herrschaft währt von Geschlecht zu Geschlecht.
Der Herr ist treu in all seinen Worten,
voll Huld in all seinen Taten.
Der Herr stützt alle, die fallen,

und richtet alle Gebeugten auf.
Aller Augen warten auf Dich,
und Du gibst ihnen Speise zur rechten Zeit.
Du öffnest Deine Hand
und sättigst alles, was lebt, nach Deinem Gefallen.
Gerecht ist der Herr in allem, was er tut,
voll Huld in all seinen Werken.
Der Herr ist allen, die ihn anrufen, nahe,
allen, die zu ihm aufrichtig rufen.
Die Wünsche derer, die ihn fürchten, erfüllt er,
er hört ihr Schreien und rettet sie.
Alle, die ihn lieben, behütet der Herr,
doch alle Frevler vernichtet er.
Mein Mund verkünde das Lob des Herrn.
Alles, was lebt, preise seinen heiligen Namen immer und ewig!

Psalm 145

Du liebst ja alles, was ist   [85]

Allein nach Maß und Zahl und nach Gewicht hast alles Du geordnet. Du bist ja stets imstande, Deine große Macht zu zeigen. Wer
widersteht der Stärke Deines Armes? Denn wie ein Stäubchen an
der Waage, so ist vor Dir die ganze Welt, und wie ein Tautropfen,
der morgens auf die Erde fällt. Doch Du bist gegen alle voll Erbarmen; Du kannst ja alles, darum zeigst Du Nachsicht mit der Menschen Sünden, sofern sie Buße tun. Du liebst ja alles, was da ist,
verabscheust nichts von dem, was Du gemacht. Denn hättest Du
etwas gehaßt, so hättest Du es nicht erschaffen. Wie könnte etwas sein, wenn Du es nicht gewollt? Wie könnte etwas sich erhalten, wenn es von Dir ins Dasein nicht gerufen wäre? Du schonest
aber alles, weil es Dir gehört, Herr, Freund des Lebens.

Buch der Weisheit

Gott der ganzen Welt   [86]

Gepriesen bist Du, König, Herr,
in Deiner Größe groß und mächtig,

der ganzen Himmelsschöpfung Herrscher,
der Könige König, Gott der ganzen Welt!
In alle Ewigkeit bleibt Deine Macht
und Königsherrschaft samt der Größe,
durch alle die Geschlechter Deine Herrschaft.
Dein Thron sind ewig alle Himmel;
die ganze Erde ist der Schemel Deiner Füße immerdar.
Du hast ja alles geschaffen,
und Du regierst es;
denn Dir ist nichts zu schwer.
Von Deinem Thron weicht niemals Weisheit;
noch wendet sie sich weg von Deinem Angesicht.
Du weißt und siehst und hörst ja alles.
Vor Dir ist nichts verborgen;
Du siehst ja alles.

Henochbuch

Es ruh' auf allen Deine Gnade   [87]

Herr! Mach mich rein!
Fürwahr! Ich übergeb' Dir meine Sache.
Ich flieh' zu Dir als Zufluchtsort.
Ich kenne meine Sünden.
Mach, Herr, mich rein,
daß ich vor Deine Gegenwart bescheiden treten kann!
Jetzt drücken meine Sünden schwer.
Ich stehe nahe an dem Feuerbrand.
Es ruh' auf allen Deine Gnade!
Nimm weg all meine Übertretungen.
Vergib mir, eben mir, dem Sünder!
Vergib auch allen Deinen Kreaturen, die Du schufst,
dieweil sie nicht gehorchen
und nicht den Glauben haben!
Ich bin besorgt für jeden, der Dein Bildnis trägt
und mir begegnet;
es richten meine Augen sich auf ihn.
Ich komm' zu Dir;

ich bin Dein Diener,
bin Deiner Sklavin Sohn, der Sünder.
Du bist der, der verzeiht.
Vergib mir doch nach Deiner freien Güte!
Hör meine Bitte! …
Nimm, dem verlorenen Schäflein gleich, mich auf!

Testament des Isaak

Du allein bist der Lebendige [88]

Hör mich, der Du die Erde schufest,
der Du durchs Wort dem Firmament die Stätte angewiesen
und durch den Geist des Himmels Höhe hast befestigt,
der Du im Anbeginn der Welt hervorgerufen,
was bis dahin noch nicht gewesen,
und sie gehorchen Dir,
der Du der Luft durch Deinen Wink geboten,
das Künftige schon gegenwärtig sahest,
der Du die Engelheere, die vor Dir,
mit großer Umsicht leitest
sowie die unzählbaren heiligen Wesen,
die Du von Ewigkeit geschaffen,
die flammenden und feurigen,
die rings um Deinen Thron,
durch Schelten leitest,
Du bist allein imstand,
sofort den Willen Dein zu tun,
der Du mit vielen Regentropfen auf die Erde regnest
und ganz allein der Zeiten Schluß vor seiner Ankunft kennst,
blick doch auf mein Gebet!
Denn Du allein vermagst die Wesen alle zu erhalten:
die Seienden, Vergangenen, Zukünftigen,
die Sünder und die Guten.
Denn Du allein bist der Lebendige,
der niemals stirbt und unerforschlich ist.

Baruch-Apokalypse

Nichts besteht außer Dir [89]

Siehe, Du bist aller Himmlischen Herrscher,
der Geehrten König, Herr aller Geister bist Du;
alle Schöpfung Dein Reich, nichts geschieht ohne Dich,
und nichts wird erkannt, es sei denn, Du willst es.
Nichts besteht außer Dir.
Wer kann sich messen mit Deiner Kraft?
Wer kann bestehen vor Deinem Glanz?
Deiner Heldenkraft reicht kein Preis.
Wunderbar sind Deine Werke, doch keines
vermag sich zu stellen gen Deine Macht.
Was ist schon der Mensch? Verhaftet der Erde,
kehrt zum Staub er zurück.
Alles schufst Du zu Deiner Ehr'.

Hymnenrolle von Qumran

Gegen keinen Menschen Haß [90]

Gib, Ewiger, mein Gott und Gott meiner Väter, daß in keines
Menschen Herz Haß aufsteige gegen uns und gegen keinen Menschen Haß in unserem Herzen aufsteige.

Rabbi Eleazar

Daß alles Fleisch Deinen Namen rufe [91]

Wahr ist unser König,
nichts ist außer ihm,
wie geschrieben ist in seiner Tora:
„So erkenne heuttags, laß ins Herz Dir einkehren,
daß Er der Gott ist,
im Himmel ringsoben,
auf Erden ringsunten,
keiner sonst."

Darum harren wir Dein,
Du, unser Gott,

die Pracht Deines Sieges bald zu sehen,
fortzuschaffen von der Erde die Götterklötze,
daß die Gottnichtse gerottet, ausgerottet werden;
die Welt zu ordnen für das Königtum des Gewaltigen,
daß alles Fleisch Deinen Namen rufe;
zu Dir zu wenden alle Frevler der Erde.
Merken sollen und erkennen alle Sassen des Weltkreises,
daß Dir sich beugen wird alles Knie,
zuschwören alle Zunge.
Vor dir, Du, unser Gott,
werden sich beugen, werden hinfallen,
der Herrlichkeit Deines Namens
Ehre geben.
Auf sich nehmen werden sie alle
das Joch Deines Königtums,
und Du wirst König sein über ihnen
bald, in Weltzeit und Ewigkeit.
Denn das Königtum,
Dein ist es,
und in die Zeiten, ewig fort,
wirst Du König sein in Herrlichkeit.
Wie geschrieben ist in Deiner Tora:
„König bleibt Er
in Weltzeit und Ewigkeit."
Und es ist gesagt:
„Und Er wird König sein über alle Erde,
jenes Tages ist Er Einer
und sein Name Einer."

Rabbi Abba Areka

Herr all derer, die Odem haben   [92]

Allezeit, da Odem in meinem Innern ist, danke ich vor Dir, Herr,
mein Gott und Gott meiner Väter, Herrscher aller Welten und Herr
all derer, die Odem haben.
Gelobt seist Du, Herr, der toten Körpern den Odem wiederkehren
läßt.

Wenn er seine Augen öffnet, soll er sagen: Gelobt sei, der die Gebundenen löst.

Wenn er sich ankleidet, soll er sagen: Gelobt sei, der die Nackten kleidet.

Wenn er sich aufrichtet, soll er sagen: Gelobt sei, der die Gebeugten aufrichtet.

Wenn er auf die Erde tritt, soll er sagen: Gelobt sei, der die Erde über den Wassern befestigt.

Wenn er einen Schritt macht, soll er sagen: Gelobt sei, der die Tritte eines Mannes ausrichtet.

Wenn er seine Schuhe anlegt, soll er sagen: Gelobt sei, der mir alles schafft, was ich bedarf.

Morgengebet

Er liebt das All [93]

Unser Hirte,
Du Hirte Israels,
der Walter der Liebe,
er liebt das All,
und Tag um Tag
liebte und liebt er und wird uns lieben,
half uns, hilft uns und hilft uns fort,
mit Liebe, mit Güte, mit Milde,
mit Schirm, mit Schutz aller Enden,
mit Segen und Heil und Trost
und Pflege und Nahrung.
Und lässet der Liebe, des Lebens, des Heils
und all-allen Guts
nimmer uns mangeln.
Der gute Gott
woll' über uns walten immer auf ewig.
Der gute Gott,
ihm schalle Lob im Himmel und auf Erden.
Der gute Gott,
ihm sollen singen Jahr um Jahr und Zeit um Zeit.
Der gute Gott,

er wolle sich durch uns verklären Kraft in Kraft
und Ewigkeit in Ewigkeit.
Der gute Gott,
sein Strahl geh' in uns auf von All zu All, von Reich zu Reich.

Tischgebet

Gott aller Geschöpfe   [94]

Die Seele alles Lebens preist Deinen Namen, Herr, unser Gott, und
der Hauch alles Fleisches verherrlicht und erhebt Dein Gedenken,
o unser König, beständig – von Ewigkeit zu Ewigkeit bist Du Gott,
und außer Dir haben wir keinen König, der erlöst und hilft, befreit
und errettet, erhält und sich erbarmt in jeder Zeit der Not und Bedrängnis – keinen König haben wir außer Dir. Gott der Früheren
und Gott der Späteren, Gott aller Geschöpfe, Herr aller Geschlechter, gepriesen in Lobgesängen, der seine Welt führt in Gnade und
seine Geschöpfe in Erbarmen.
Der Ewige schlummert nicht und schläft nicht: der erweckt die
Schlafenden und aufregt die Ohnmächtigen, der reden macht die
Stummen und löst die Gefangenen, der die Fallenden stützt und
aufrichtet die Gesunkenen. Dich, Dich allein loben wir!
Wär' unser Mund voll Gesang wie das Meer,
unsere Zunge voll Jubel wie das Rauschen seiner Wellen,
unsere Lippen voll Rühmens wie des Himmels Weiten,
unsere Augen leuchtend wie Sonne und Mond,
unsere Hände ausgespannt wie Adler des Himmels
und unsere Füße schnell wie Rehe:
wir würden nicht genügen, zu loben Dich, Herr, unser Gott, Gott
unsrer Väter, und Deinen Namen zu preisen für eins von den tausend und abertausend Milliarden Mal, da Du Gutes getan hast an
unsern Vätern und an uns. Aus Ägypten hast Du uns befreit, Herr,
unser Gott, aus dem Haus der Knechte uns erlöst, uns im Hunger
ernährt, in der Sättigung erhalten, dem Schwert entzogen, aus der
Pest errettet und von schlimmen und schweren Krankheiten uns
befreit. Bis hierher hat uns Dein Erbarmen geholfen, hat uns Deine
Gnade nicht verlassen – verwirf uns nicht, Herr, unser Gott, ewiglich!

Darum die Glieder, die Du uns zugeteilt, Geist und Seele, die Du
uns eingehaucht, und die Zunge, die Du in unsern Mund gegeben:
sie alle, alle loben und preisen, rühmen, verherrlichen, erheben,
ehrfürchten, heiligen und huldigen Deinem Namen, o unser König.
Denn jeder Mund lobet Dich,
jede Zunge schwöret Dir,
jedes Knie beugt sich Dir,
alles Hohe betet Dich an,
alle Herzen fürchten Dich,
und alles Innere singt Deinem Namen.

Sabbatgebet

König des Alls, Du   [95]

Lob nun, ja Lob Dir, o Gott, unser Gott und König des Alls, Du, der
schuf die Frucht der Rebe.

Lob nun, ja Lob Dir, o Gott, unser Gott und König des Alls, Du, der
alles schuf zu seiner Verherrlichung.

Lob nun, ja Lob Dir, o Gott, unser Gott und König des Alls, Du, der
schuf den Menschen.

Lob nun, ja Lob Dir, o Gott, unser Gott und König des Alls, Du, der
den Menschen schuf in seinem Ebenbild. Im Ebenbild und in der
Form seiner Gestalt bildete er aus ein Sein zur Erhaltung der Welt.
Lob drum, ja Lob Dir, o Gott, der da schuf den Menschen.

Wonne und Jubel erfülle die Entwurzelte, wenn ihre Kinder in
Freude um sie zur Sammlung kommen. Lob drum, ja Lob Dir, o
Gott, der Zion durch Kinder erfreut.
Erfreue, ja erfreue die Sichliebenden, wie Du einst Dein Geschöpf
im Garten Eden erfreutest. Lob drum, ja Lob Dir, o Gott, der Du
Bräutigam und Braut erfreust.

Lob nun, ja Lob Dir, o Gott, unser Gott und König des Alls, Du, der
schuf Wonne und Freude, Bräutigam und Braut, Jubel und Jauchzen, Lust und Frohlocken, Liebe und Eintracht, Freude und
Freundschaft. Bald, o Gott, unser Gott, werden in den Städten Ju-

das und in den Straßen Jerusalems wieder gehört die Stimme der
Wonne und die Stimme der Freude, die Stimme des Bräutigams
und die Stimme der Braut, die Stimme des Jauchzens der Braut-
paare aus ihrem Brauthimmel und der Gesang der Jünglinge beim
Hochzeitsmahl. Lob drum, ja Lob Dir, o Gott, der den Bräutigam
mit der Braut erfreut.

Segenssprüche der Eheschließung

Verbreite das Reich Deiner Wahrheit   [96]

Wahr ist Dein Wort und wahrhaft Deine Lehre, und uns hast Du
erhalten und berufen, sie zu verkünigen und zu bezeugen. Wie
einst vom Sklavenjoch Ägyptens hast Du uns erlöst aus Not und
Drangsal durch alle Zeiten. O dehne das Zelt Deiner Milde und
Liebe über alle Menschen aus, und verbreite das Reich Deiner
Wahrheit und Deiner Erlösung über alle Erdenkinder, die Du geschaffen. Gelobt seist Du, Gott, ewiger, wahrhafter Erlöser.

Am Vorabend des Versöhnungsfestes

Von jedem Herzen Gebet   [97]

Und nun, aufsteige Dir Heiligung! denn Du bist unser Gott,
ein vergebender und verzeihender König.

Sein Erscheinen ist in den Wolken,
seine Macht in den Himmeln,
seine Gewalt in der Wohnung,
seine Heiligkeit im Heiligtum,
sein Schrecken im Dunkeln,
seine Furchtbarkeit im höchsten Himmel.

Sein Bogen am Himmel,
seine Stimme über den Wassern,
sein Wohnen in der Höhe,
sein Schauen nach der Tiefe.
Von oben: Heilig!
Von unten: Gepriesen!

Von den Wassern Rauschen,
von den Strömen Stimme,
von der Erde Lied,
von den Bäumen Jubel,
von den Bergen Hüpfen,
von Hügeln Gesang!

Von jedem Geschöpf Machtruhm,
von jedem Haupt Beugen,
von jedem Auge Aufblick,
von jedem Ohr Hören,
von jedem Mund Bekenntnis,
von jeder Zunge Ruhm,
von jeder Kehle Jubel,
von jedem Herzen Gebet,
von jedem Innern Sinnen,
von jedem Knie Sinken,
von jeder Höhe Niederwerfen.

Von den Greisen Ehre,
von Männern und Frauen Lied,
von Jünglingen und Jungfrauen Lobgesang,
von Kindern und Säuglingen Machtpreis.
Von Geschlecht zu Geschlecht Allmacht
und von Ewigkeit zu Ewigkeit Segen.
Denn alle hast Du geschaffen um Deinetwillen.
Sie rufen einer dem anderen,
antworten einer dem anderen,
sprechen einer zum andern:
Nahet, dränget, eilet!
daß wir huldigen dem König der Ehre.
O gefürchteter Gott und geheiligt im Heiligtum!

Versöhnungsfest

Alles Deinen Namen ruft [98]

Jeder Seraph preiset Dich und jede Himmelsregion,
jedes Heer von Dir widerhallt und jede Legion;

alle Deinem Triumphe Huldigungen weihen,
all Deine Werke und Deine Frommen Dich benedeien.

Jede Kreatur bezeugt, daß über alles er gebiete,
jede Versammlung stimmt ein, daß er, der schafft, auch hüte;
alle Wesen es bekennen, jeder Geist erriete:
Alles Fleisch ist Gras, all seine Anmut wie des Feldes Blüte.

Jedes Niedrige und Hohe, wo sie schweben, wo sie hängen,
jede Wurzel, jeder Zweig, die Berge und Hügel,
alles Deinen Namen ruft; es schmückt Dich mit Gesängen
alles Vieh, Gewürm und Geflügel.

Jedes Gebilde, jeder Sinn Dich stets erhebt,
jeder Gedanke verherrlicht Dein mächtig Reich,
in Liedern von Dir das Herz und jede Lipp' erbebt,
alle meine Gebeine sprechen: Ewiger, wer ist Dir gleich?

Salomo ibn Gabirol

Dir vertrau' ich   [99]

Deinem Namen, Hocherhabner,
freudig heut mein Lied erklingt,
mir, dem staubgebornen Kinde,
jubelnd jetzt die Seele singt:
Auf Dich bau' ich,
Dir vertrau' ich
ohne Fragen,
ohne Zagen.
Du meines Lebens Lust und Licht!
In Deinem Schutze fürcht' ich nicht,
der unerforschlich,
unerfaßlich
im Herzen wohnt,
wie über Welten thront,
in Mild' und Macht
als Vater wacht
in Herrlichkeit
und Ewigkeit!

Jehuda Halevi

Herr der Welt   [100]

Herr der Welt, wäre ein Nu vorstellbar ohne Deinen Einfluß und Deine Vorsehung, was taugte uns da noch diese Welt, und was taugte uns da noch jene Welt, was taugte uns da noch das Kommen des Messias, und was taugte uns da noch die Auferstehung der Toten, was wäre da noch an alledem zu genießen, und wozu wäre es da!

Rabbi Abraham der Engel

Vergib ihnen   [101]

Wenn es auch Menschen gibt, die mir feind sind und mich zu beschämen verlangen, vergib ihnen, Herr der Welt, und sie mögen nicht leiden um meinetwillen.

Rabbi Schmelke von Nikolsburg

Erlöse die Gojim   [102]

Herr der Welt, ich bitt' Dich, Du mögest Israel erlösen. Und willst Du nicht, so erlöse die Gojim!

Israel von Kosnitz

Für eine Auferstehung der Gerechtigkeit   [103]

Friede sei den Menschen, die bösen Willens sind, und ein Ende sei gesetzt aller Rache und allem Reden von Strafe und Züchtigung ... Aller Maßstäbe spotten die Greueltaten, sie stehen jenseits aller Grenzen menschlicher Fassungskraft, und der Blutzeugen sind gar zu viele ... Darum, o Gott, wäge nicht mit der Waage der Gerechtigkeit ihre Leiden, daß Du sie ihren Henkern zurechnest und von ihnen grauenvolle Rechenschaft forderst, sondern laß es anders gelten. Schreibe vielmehr den Henkern und Angebern und Verrätern und allen schlechten Menschen zugut, und rechne ihnen an: all den Mut und die Seelenkraft der anderen, ihr Sichbescheiden, ihre hochgesinnte Würde, ihr stilles Mühen bei alledem, die Hoffnung, die sich nicht besiegt gab, und das tapfere Lächeln, das

die Tränen versiegen ließ, und alle Liebe und alle Opfer, all die
heiße Liebe …, alle die durchpflügten, gequälten Herzen, die
dennoch stark und immer vertrauensvoll blieben angesichts des
Todes und im Tode, ja, auch in den Stunden der tiefsten Schwäche …
Alles das, o mein Gott, soll zählen für eine Auferstehung der Gerechtigkeit – all das Gute soll zählen und nicht das Böse. Und für
die Erinnerung unserer Feinde sollen wir nicht mehr ihre Opfer
sein, nicht mehr ihr Alpdruck und Gespensterschreck, vielmehr ihre Hilfe, daß sie von der Raserei ablassen … Nur das heischt man
von ihnen, und daß wir, wenn nun alles vorbei ist, als Menschen
unter Menschen leben dürfen und wieder Friede werde auf dieser
armen Erde über den Menschen guten Willens, und daß Friede
auch über die anderen komme.

KZ-Häftling

Meister der Welt   [104]

Meister der Welt!
Du, Du, Du, Du!
Meister aller Steine!
Du, Du, Du, Du!
Wo kann ich Dich finden,
und wo kann ich Dich nicht finden?
Du, Du, Du, Du!

Nelly Sachs

AMEN

VI. Ja zum lebendigen Gott

„Ich bin, der ich bin"
(Ex 3,14)

Meine Seele dürstet nach Gott   [105]

Wie der Hirsch lechzt nach frischem Wasser,
so lechzt meine Seele, Gott, nach dir.
Meine Seele dürstet nach Gott, nach dem lebendigen Gott.
Wann darf ich kommen und Gottes Antlitz schauen?
Tränen waren mein Brot bei Tag und bei Nacht;
denn man sagt zu mir den ganzen Tag: „Wo ist nun dein Gott?"
Das Herz geht mir über, wenn ich daran denke:
wie ich zum Haus Gottes zog in festlicher Schar,
mit Jubel und Dank in feiernder Menge.
Meine Seele, warum bist du betrübt und bist so unruhig in mir?
Harre auf Gott; denn ich werde ihm noch danken,
meinem Gott und Retter, auf den ich schaue.

Psalm 42

Herr, Du erforschst und kennst mich   [106]

Herr, du hast mich erforscht, und du kennst mich.
Ob ich sitze oder stehe, du weißt von mir.
Von fern erkennst du meine Gedanken.
Ob ich gehe oder ruhe, es ist dir bekannt;
du bist vertraut mit all meinen Wegen.
Noch liegt mir das Wort nicht auf der Zunge –
du, Herr, kennst es bereits.
Du umschließt mich von allen Seiten
und legst deine Hand auf mich.
Zu wunderbar ist für mich dieses Wissen,
zu hoch, ich kann es nicht begreifen.
Wohin könnte ich fliehen vor deinem Geist,
wohin mich vor deinem Angesicht flüchten?

Steige ich hinauf in den Himmel, so bist du dort;
bette ich mich in der Unterwelt, bist du zugegen.
Nehme ich die Flügel des Morgenrots
und lasse mich nieder am äußersten Meer,
auch dort wird deine Hand mich ergreifen
und deine Rechte mich fassen.
Würde ich sagen: „Finsternis soll mich bedecken,
statt Licht soll Nacht mich umgeben",
auch die Finsternis wäre für dich nicht finster,
die Nacht würde leuchten wie der Tag,
die Finsternis wäre wie Licht.
Denn du hast mein Inneres geschaffen,
mich gewoben im Schoß meiner Mutter.
Ich danke dir, daß du mich so wunderbar gestaltet hast.
Ich weiß: Staunenswert sind deine Werke.
Als ich geformt wurde im Dunkeln,
kunstvoll gewirkt in den Tiefen der Erde,
waren meine Glieder dir nicht verborgen.
Deine Augen sahen, wie ich entstand,
in deinem Buch war schon alles verzeichnet;
meine Tage waren schon gebildet,
als noch keiner von ihnen da war.
Wie schwierig sind für mich, o Gott, deine Gedanken,
wie gewaltig ist ihre Zahl!
Wollte ich sie zählen, es wären mehr als der Sand.
Käme ich bis zum Ende, wäre ich noch immer bei dir.

Psalm 139

Wer erforscht die Tiefe Deines Weges   [107]

Mein Herr und Gott!
Wer mag wohl Dein Gericht verstehen,
oder wer erforscht die Tiefe Deines Weges,
oder wer bedenkt die schwere Bürde Deines Pfades?
Wer? Wer kann Deinem unausdenklichen Beschluß nachsinnen,
oder wer von Staubgeborenen
fand je den Anfang und das Ende Deiner Weisheit?

Wir alle gleichen einem Hauch.
Denn wie der Hauch ohn' eigen Zutun aufsteigt und vergeht,
so ist's auch mit der Menschenkinder Wesen:
mit ihrem Willen gehn sie nicht dahin
und wissen nicht, was ihnen am Ende noch beschieden.
Gern warten die Gerechten auf das Ende,
und ohne Furcht verlassen sie dies Leben.
Dieweil bei Dir sie einen Schatz von Werken haben,
der in den Vorratskammern liegt.
Darum verlassen sie auch furchtlos diese Welt
und harren voller freudenreichen Zuversicht darauf,
daß sie die Welt empfangen,
die festversprochene von Dir.

Baruch-Apokalypse

Du unser Gott   [108]

Herr, öffne meine Lippen!
Mein Mund verkündige Dein Lob!
Gepriesen seist Du, Herr,
Du unser Gott
und unsrer Väter Gott!
Gott Abrahams, Isaaks, Jakobs,
Du großer, starker, schreckensvoller Gott,
Du höchster Gott,
Du Schöpfer Himmels und der Erden,
Du unser Schild
und unsrer Väter Schild,
Du unsere Zuflucht von Geschlecht zu Geschlecht!
Gepriesen seist Du, Herr,
Du Schild des Abraham!

Du bist gar stark,
erniedrigest die Stolzen.
Du bist so kraftvoll,
hältst über Trotzige Gericht.
Du lebst in Ewigkeit,
erweckest Tote.

Du läßt die Winde wehen,
den Tau herniederrieseln.
Du sorgst für Lebende,
belebst die Sterbenden.
In einem Augenblick
läßt Du uns Heil ersprießen.
Gepriesen seist Du, Herr,
der Du die Sterbenden belebst!
Du bist so heilig,
und furchtbar ist Dein Name.
Nicht gibt es außer Dir sonst einen Gott.
Gepriesen seist Du, Herr,
Du heiliger Gott!

Unser Vater, schenke uns
in Gnaden die Erkenntnis über Dich,
aus Deinem Gesetz die Einsicht und die Klugheit!
Gepriesen seist Du, Herr,
der Du in Gnaden die Erkenntnis schenkst!

Herr, bringe uns zu Dir zurück!
Wir wollen umkehren.
Erneuere unsere Tage wie zuvor!
Gepriesen seist Du, Herr,
der Du die Umkehr liebst!

Vergib uns, unser Vater!
Wir sündigten an Dir.
Wisch unsere Missetaten aus!
Bring sie aus Deinen Augen!
Denn reich ist Dein Erbarmen.
Gepriesen seist Du, Herr,
der reich ist an Vergebung!

Schau doch auf unser Elend!
Führ unsern Streit!
Erlöse uns um Deines Namens willen!
Gepriesen seist Du, Herr,
Erlöser Israels!

Heil uns, Herr, unser Gott,
von unserer Herzensqual,
und Schmerz und Kummer
bring weg von uns!
Schaff unsern Schlägen Heilung!
Gepriesen seist Du, Herr,
der Du in Deinem Volke Israel
die Kranken heilst!

Ach, segne uns, Herr, unser Gott,
doch dieses Jahr zum Guten
in allen Arten des Ertrags!
Bring eilends nach
das Endjahr unserer Erlösung!
Und gib dem Boden Tau und Regen!
Mach satt die Welt
mit Deiner Güte Schätzen!
Gib Segen auch dem Werke unserer Hände!
Gepriesen seist Du, Herr,
der Du die Jahre segnest!

Stoß laut in die Posaune
zu unserer Befreiung!
Erhebe ein Panier
zur Sammlung unserer Verbannten!
Gepriesen seist Du, Herr,
der seines Volkes Israel Zerstreute sammelt!

Mach wieder unsere Richter wie zuerst
und unsere Berater wie am Anfang!
Herrsch über uns, alleinig Du!
Gepriesen seist Du, Herr,
Du Liebhaber des Rechts!

Nicht blühe eine Hoffnung den Verfolgern!
Das Reich des Übermuts
entwurzle rasch in unsern Tagen!
Es mögen Nasoräer und die andern Abgefallenen
in einem Augenblick vergehen!

Sie seien aus dem Buche der Lebendigen getilgt,
und mit den Frommen sollen sie
nicht aufgeschrieben werden!
Gepriesen seist Du, Herr,
der Du die Frechen beugst!

Lebendig sei dagegen über fromme Fremde Deine Liebe!
Verleih uns guten Lohn
als solchen, die nur Deinen Willen tun!
Gepriesen seist Du, Herr,
Du Zuversicht der Frommen!

Erbarm Dich, Herre, unser Gott,
mit Deinem Reichtum an Erbarmen
jetzt über Israel, Dein Volk,
und Deine Stadt Jerusalem
und Sion, die Behausung Deiner Herrlichkeit,
und Deinen Tempel, Deine Wohnung,
und über das Königtum des Hauses Davids,
Deines richtigen Gesalbten!
Gepriesen seist Du, Herr, des David Gott,
der Du Jerusalem erbaust!

Herr, unser Gott!
Hör auf die Stimme unseres Gebets!
Erbarm Dich unser!
Du bist ja ein barmherziger und gnädiger Gott.
Gepriesen seist Du, Herr,
der ein Gebet erhört!

Herr, unser Gott!
Mögst Du in Sion wieder wohnen,
und Deine Knechte mögen zu Jerusalem
Dir dienen!
Gepriesen seist Du, Herr,
dem wir in Ehrfurcht dienen wollen!

Wir danken Dir;
Du, Herr, bist unser Gott

und unserer Väter Gott,
für alles Gute, für die Gnade,
für das Erbarmen,
das Du uns je erwiesen und erzeigt
und vor uns unsern Vätern.
Und sprachen wir:
„Es wankt jetzt unser Fuß",
so stützte schon uns Deine Gnade, Herr.
Gepriesen seist Du, Herr!
Dir muß man danken.

Gib Deinen Frieden über Israel, Dein Volk,
und über Deine Stadt sowie Dein Erbteil!
Und segne uns allsamt wie einen Mann!
Gepriesen seist Du, Herr,
der Frieden schafft!

Achtzehngebet

Ich darf hoffen auf Deine Huld   [109]

Gläubige Hoffnung hältst Du mir aufrecht,
machst standhaft das Herz vor der Plage Wucht.
Fest ist der Grund, auf den Du mich stellst,
verständig mein Plan allein durch Dich.
Getröstet hast Du mich in meiner Bedrängnis,
an Deiner Verheißung erfreu' ich mich,
finde Trost, quält mich Sünde aus alter Zeit.
Ich weiß, ich darf hoffen auf Deine Huld,
vertrauen im Glauben auf Deine Kraft.

Hymnenrolle von Qumran

Daß wir Deinen Willen tun   [110]

Es sei wohlgefällig vor Dir, Jahwe, mein Gott und Gott meiner Väter, daß Du zerbrechest und entfernest das Joch des bösen Triebes
aus unsren Herzen; denn dazu hast Du uns erschaffen, daß wir
Deinen Willen tun, und wir sind verpflichtet, Deinen Willen zu tun.

Du willst es, und wir wollen es, und wer verhindert es? Der böse Trieb in unsrem Leibe. Offenbar und kund ist es vor Dir, daß in uns keine Kraft ist, gegen ihn zu bestehen; aber es möge wohlgefällig vor Dir sein, Jahwe, mein Gott und Gott meiner Väter, daß Du ihn von uns entfernest und ihn niederbrechest, daß wir Deinen Willen tun, wie wir es möchten, mit ganzem Herzen.

Rabbi Tanchum bar Ischolastika

Ehe wir rufen, antwortest Du [111]

Mache uns einsichtig, Herr, unser Gott, Deine Wege zu erkennen; beschneide unsere Herzen, Dich zu fürchten; vergib uns, damit wir erlöst seien; halte uns fern von unseren Schmerzen; gib uns fette Weide auf den Auen Deines Landes; unsere Versprengten sammle aus den vier Enden; mache, daß Irrende gemäß Deiner Erkenntnis richten; über die Frevler erhebe Du Deine Hand; die Bewährten sollen sich freuen am Aufbau Deiner Stadt, an der Wiederherstellung Deines Tempels, am Aufsprossen des Hornes für David, Deinen Knecht, an der Bereitung der Leuchte für den Sohn Isais, Deines Gesalbten; ehe wir rufen, antwortest Du. Gelobt seist Du, Gott, der Gebet erhört.

Rabbi Samuel

Heilige Deinen Namen in Deiner Welt [112]

Du warst, da noch nicht geschaffen war die Welt,
Du bist, seit geschaffen ist die Welt.
Du bist in dieser Welt
und bist in der künftigen Welt.

Heilige Deinen Namen an denen, die Deinen Namen heiligen,
heilige Deinen Namen in Deiner Welt,
und in Deinem Heil erhebe, erhöhe unser Glück.
Gepriesen seist Du, Ewiger, der seinen Namen heiligt vor aller Welt.

Morgengebet

Wir in Deiner Hand   [113]

Denn sieh, wie Lehm in des Töpfers Hand
– wie er will, macht er weit, wie er will, macht er eng –,
so sind wir in Deiner Hand, der Du Gnade bewahrst,
schau auf den Bund, und wende Dich nicht zum Trieb.

Denn sieh, wie der Stein in des Bildhauers Hand
– wie er will, erfaßt er, und wie er will, zerschlägt er –,
so sind wir in Deiner Hand, gütiger und verzeihender Gott.

Denn sieh, wie das Glas in des Glasbläsers Hand
– wie er will, formt er, und wie er will, schmelzt er –,
so sind wir in Deiner Hand, der Du Frevel und Irrtum vergibst.

Denn sieh, wie der Teppich in des Wirkers Hand
– wie er will, wirkt er grad, wie er will, wirkt er schräg –,
so sind wir in Deiner Hand, eifriger, rächender Gott.

Denn sieh, wie das Feuer in des Schmiedes Hand
– wie er will, bläst er an, wie er will, bedeckt er es –,
so sind wir in Deiner Hand, der Du den Atem einhauchst,
schau auf den Bund, und wende Dich nicht zum Trieb.

Bußgebet der furchtbaren Tage

Lebendig bist Du allein   [114]

Du durchschauest des Herzens Gedanken, die Pläne des Menschen,
des Menschen – ein Wurm, von Sünden entnervt, der Tod seine Aussicht;
seine Aussicht der Tod, Eitles seine Hoffnung;
lebendig bist Du allein, Du allein gnädig, erbarmungsvoll, an Vergebung reich.

Womit hält rein der Sterbliche seine Handlungen, ist doch, was er treibt, schimpflich!
Schimpflich seine Beschäftigungen, seine Tage nichtig, voll von Schrecken,

Schrecken in der Dauer, im Verschwinden Schatten.
Lebendig bist Du allein, Du allein gnädig, erbarmungsvoll, an Vergebung reich.
Der Schmerz züchtigt ihn auf seinem Lager, daß seine Handlungen er bekennt;
er bekennt, von Leiden gepeinigt, das Böse und genest.
Genest er von der Krankheit, ist die Arznei vergessen.
Lebendig bist Du allein, Du allein gnädig, erbarmungsvoll, an Vergebung reich.

Festungen baut er und Kastelle, für sich Paläste,
Paläste und Häuser aus Quadern, zu seiner Ruhestätte;
Ruhestätte wird ihm zwischen Staubhügeln das Grab.
Lebendig bist Du allein, Du allein gnädig, erbarmungsvoll, an Vergebung reich.

Bußgebet

Dir, o Herr, entgegen   [115]

Am Morgen eil' ich Dir, o Herr, entgegen,
Dir tönt mein Morgen-, Dir mein Abendsegen.
Vor Deiner Größe steh' ich scheu, erschrocken.
Was kann, Dir unbemerkt, in mir sich regen?
Was will mein Herz? Was kann die Zunge stammeln?
Mein höchster Flug – vor Dir, o wie verwegen!
Doch Dir gefällt der Menschen Preis, drum dank' ich,
solange nur Dein Hauch mich will bewegen!

Salomo ibn Gabirol

Alles, was da lebet, wechselt Küsse   [116]

Die Sterne singen Dir im Chor,
es singt der Berg, des Feldes Flor;
in Tal und Wald
der Jubel schallt,
es schlagen in die Hände Flüsse,
alles, was da lebet, wechselt Küsse;

die Engel singen und die Geister,
die Tiere wie gelernte Meister,
im Meer die Ungeheuer
geraten auch in Feuer,
und jede Kreatur
preist den Schöpfer nur.

Meschullam ben Kalonymos

Wer kann, o Herr, Dir gleichen   [117]

Alles Sinnen, alles Dichten
Deine Hoheit muß empfinden,
Wohin sich die Gedanken richten,
Dich sie finden und verkünden,
in jeder Sprache jeder Mund
tut Dich im Gesange kund.
Alle meine Gebeine
müssen sagen:
Wer kann, o Herr, Dir gleichen?

Geist und Lieder
sind durch Dich verwebt;
von Dir hernieder
strömt, was in mir lebt.
Das Geschenk meiner Lieder
zu Dir aufwärts schwebt:
Die Gabe, auch die kleine,
vom Dankgefühl getragen,
wird sie schneller Dich erreichen.

Der Odem, von der Nase eingesogen,
ist von Deiner Hand;
das Licht, das in mein Auge eingezogen,
Deinem Glanz entwandt;
der Anschlag, den ich erwogen,
von Deiner Weisheit mir gesandt.
Dich stets ich meine;

soweit in mir Gedanken ragen,
stellen Dich sie auf als Zeichen.

Du hast erschauet
Gedanken, die bei mir weilen,
seitdem Du aufgebauet
meines Leibes Säulen,
Herz und Nieren
von Dir herrühren:
Was ich verhehle, was ich scheine,
wohin Deines Blickes Blitze schlagen,
muß alles Dunkel weichen.
Alle meine Gebeine
müssen sagen:
Wer kann, o Herr, Dir gleichen?

Jehuda Halevi

Mein Denken ist bei Dir   [118]

Bevor Du mich geschaffen,
hast Du mich schon gekannt.
Ich weiß, Du wirst mich halten,
solang Dein Geist wird walten
in meiner Seele Land.

Kann gehn ich, wenn Dein Winken
mich an die Stelle zwängt?
Kann ich denn bleiben stille,
wenn mich Dein heil'ger Wille
mit Mächten vorwärts drängt?

Was kann ich denn noch sagen?
Mein Denken ist bei Dir;
was ist denn all mein Wandeln,
was ist mein Tun und Handeln,
bist Du nicht über mir?

Ich kann Dich ja nur suchen;
und Du: – Zur Gnadenzeit

erhöre mich in Milde,
und mach zu einem Schilde
mir Deine Huld bereit!   *Jehuda Halevi*

Du Quell des Lebens   [119]

Vom lebendigen Gott will ich singen und sagen,
solange des Lebens Pulse mir schlagen! –
Nur wer an ihn glaubet, der wird ihn finden.
Wer aber könnte ihn ganz ergründen,
von dessen Glanz, von dessen Macht
erzählt der Gestirne leuchtende Pracht?
Sie wandeln am Himmel in kreisenden Bahnen
und lehren den ewigen Schöpfer uns ahnen.

Wenn die Wetterwolken sich dunkel ballen,
wenn die Blitze flammen und Donner hallen –
hörst Du den lebendigen Herrscher nicht,
der droben gewaltige Sprache spricht?
Aus Erde und Meer, aus Tal und Höhen –
fühlst Du den Gottesodem nicht wehen?

Siehst Du den Fruchtbaum in herrlichem Prangen –
wer hat ihn mit Früchten so reich behangen?
Das Gewimmel im Meer und das Würmlein im Staub
und der furchtbare Leu, wenn er brüllet nach Raub,
und der Vogel mit leichtbefiederten Schwingen:
Ein Loblied sie alle dem Schöpfer singen.

Du Quell des Lebens, Du gabst uns das Leben,
auf daß wir uns strebend zu Dir ergeben.
Du schufst uns in Deinem göttlichen Bild,
daß Gottessehnen die Seele uns schwillt.
Und zieht uns die Sünde zum Staube nieder,
aus dem Staube erhebt Deine Gnade uns wieder.

                                                Abenesra

Dein Geist drängt in mir   [120]

„Lege mich wie ein Siegel auf Dein Herz, wie ein Siegel auf Deinen Arm", und vergiß mich nicht in Ewigkeit, gedenke der Liebe, mit der ich Dich geliebt, denn wenn sie mich auch für meine Liebe zu Dir töten, ich spüre es nicht, „denn stark wie der Tod ist die Liebe" – begrüben sie mich auch bei lebendigem Leibe, das alles gilt mir nichts, denn „hart wie die Hölle ist der Eifer", mein Eifer für die Ehre Deines Namens. Und wenn sie mich verbrennen und in die Glut werfen, auch das ist nichtig gegen die Liebe zu Dir, denn meine Liebe zu Dir ist ein Wunder an mir und brennt in mir wie Fackeln, „ihre Gluten Feuersgluten, eine göttliche Flamme". Und wie denn sollte meine Seele von jenem geringen Feuer leiden, wo die Feuerflamme Deiner Liebe anschwillt und in mir entbrennt. Not und Qual, die wie Wasser sind, können das Feuer meiner Liebe nicht löschen. Und wälzen sich die Verfolger wie ein Strom heran, Dein Geist drängt in mir, mich für Dich hinzugeben.

Märtyrergebet

Beim Ewig-Lebendigen   [121]

Die Allmacht und Treue beim Ewig-Lebendigen.
Die Einsicht und der Segen beim Ewig-Lebendigen.
Die Hoheit und die Größe beim Ewig-Lebendigen.
Die Kunde und Rede beim Ewig-Lebendigen.
Der Prunk und die Pracht beim Ewig-Lebendigen.
Der Rat und die Bewährung beim Ewig-Lebendigen.
Der Glanz und das Strahlen beim Ewig-Lebendigen.
Die Huld und die Gnade beim Ewig-Lebendigen.
Die Reinheit und die Güte beim Ewig-Lebendigen.
Die Einheit und Ehre beim Ewig-Lebendigen.
Die Krone und Glorie beim Ewig-Lebendigen.
Die Lehre und Liebe beim Ewig-Lebendigen.
Das Reich und die Herrschaft beim Ewig-Lebendigen.
Der Schmuck und die Dauer beim Ewig-Lebendigen.
Das Geheimnis und die Weisheit beim Ewig-Lebendigen.
Die Kraft und die Sanftmut beim Ewig-Lebendigen.

Das Prangen und Wunder beim Ewig-Lebendigen.
Das Rechttun und die Zier beim Ewig-Lebendigen.
Der Anruf und die Herrlichkeit beim Ewig-Lebendigen.
Der Jubel und der Adel beim Ewig-Lebendigen.
Der Sang und die Hymnen beim Ewig-Lebendigen.
Das Lob und der Ruhm beim Ewig-Lebendigen.

Große Hekalot

Bloß Du, nur Du   [122]

Herr der Welt, Herr der Welt, Herr der Welt!
Herr der Welt,
ich will Dir ein Dudele singen:
Du, Du, Du . . .
Wo kann ich Dich finden,
und wo kann ich Dich nicht finden?

Du, Du, Du . . .
Denn wo ich geh' – Du,
und wo ich steh' – Du,
bloß Du, nur Du,
aber Du, wieder Du,
Du, Du, Du!
Ist's einem gut – Du,
behüte schlimm – ach Du,
Du, Du, Du . . .
Osten Du, Westen Du,
Norden Du, Süden Du,
Du, Du, Du!
Himmel Du, Erde Du,
Oben Du, Unten Du,
Du, Du, Du, Du:
Wie ich kehr' mich, wie ich wend' mich,
Du . . . !

Chassidisches Lied

Wir, wir selber   [123]

Herr der Welt, wir, wir, wir selber, uns selber wollen wir Dir an Opfers Statt darbringen!

Rabbi Mose von Kobryn

In Leben und Tod   [124]

Ich danke Dir, Herr, daß Du so lind mir begegnet,
als ich mich wehrte und von Dir gekehrt.
Ich hab' Dir geflucht, und Du hast mich gesegnet,
so segne ich, solang mir mein Leben währt.
Ich segne Dich, daß Du das würzige Brot
des Wortes in meine Lippen getan,
damit ich Dich preise in Leben und Tod,
ich segne Dich, daß Du mir wecktest den Geist,
der die Welten mit Liebe durchgütet und speist.
Ich segne Dich, daß Du so hart mich gefaßt
und im Zorn vor Dein Antlitz getrieben hast,
und ich segne dich, Gottes Gabe, dich Leid,
daß du läuternd die Seelen der Menschen durchdringst
und flammend mit Deiner Allfältigkeit
ihre Einsamkeit einst, ihre Fremde bezwingst,
und ich segne Dich, Gott, der es im Sturm uns gesendet,
der Du mit Qualen beginnst und mit Seligkeit endest,
der die Suchenden führt und die Fliehenden findet,
dem jeder entweicht, und dem sich keiner entwindet,
der dem Niedersten sich als der Gnädigste gibt
und den Sündigsten um seiner Sünden liebt.
Selig, der sich an Dich verloren,
selig, den Du Dir auserkoren,
selig der Himmel, der Dich rauschend umstellt,
selig Dein lauschender Spiegel, die Welt,
selig die Sterne, die sie strahlend umschweben,
selig der Tod und selig das Leben!

Stefan Zweig

Du bist Quelle und Mündung   [125]

Dich lieb' ich,
der Du mein Angesicht aufhobst ins Licht.
Der Du den Tod von mir nahmst
und mir die Erde zurückgabst.
Der Boden unter meinen Füßen
ist Dein Geschenk – wie sollt' nicht jeder Schritt – Dank sein!
Alles Leben,
das Welt wird in mir,
brandet zu Dir.
Du
bist Quelle und Mündung.
Über jeder Freude des Herzens,
jedem Lächeln der Seele
spielt der Glanz Deines Nah-seins.
Tausendfältig
aus andächtig Erschautem
strömt mir Dein Wesen.

Anna Joachimsthal-Schwabe

Mein Sein in Deinem Sinn   [126]

An jedem Abend, der sich niedersenkt,
muß ich die Hände wie von selber falten,
und was mein Herz erfreut, was es bedrängt,
steigt aufwärts in Dein überirdisch Walten.

Du – Vater über dieser großen Welt,
wie tut es wohl, in Deinem Schutz zu knien,
am Abend – wenn das Dunkel mich befällt
und die Gedanken mich in Zweifel ziehen.

Wie werd' ich ruhig unter Deiner Hand,
Du gibst den Frieden allem Tun und Denken,
Du führst mich durch Dein weites Erdenland,
Du wirst mir Wege – zu Dir selber schenken.

Aus jedem Schlaf laß mich zu Dir erblühn
mit neuer Kraft – mit neuem starken Willen,
o laß mich – Licht aus Deinem Licht erglühn
und so – mein Sein in Deinem Sinn erfüllen.

Anna Joachimsthal-Schwabe

Mein Herr, mein Alles   [127]

Mein Herr, ich bin gefallen
in einen tiefen Schacht;
hörst Du mein wortlos Lallen
in sternenloser Nacht?

Mein Herr, mein Herr, mein Alles,
ich bin ein Teil von Dir,
ein Splitter des Kristalles,
heb mich hinan zu Dir.

Ruth Freund

VII. Ja zu Gottes Wort

„Mein Wort ist dem Feuer gleich"
(Jer 23,29)

Das Wort des Herrn ist wahrhaftig   [128]

Ihr Gerechten, jubelt vor dem Herrn;
für die Frommen ziemt es sich, Gott zu loben.
Preist den Herrn mit der Zither,
spielt für ihn auf der zehnsaitigen Harfe!
Singt ihm ein neues Lied,
greift voll in die Saiten, und jubelt laut!
Denn das Wort des Herrn ist wahrhaftig,
all sein Tun ist verläßlich.
Er liebt Gerechtigkeit und Recht,
die Erde ist erfüllt von der Huld des Herrn.
Durch das Wort des Herrn wurden die Himmel geschaffen,
ihr ganzes Heer durch den Hauch seines Mundes.
Wie in einem Schlauch faßt er das Wasser des Meeres,
verschließt die Urflut in Kammern.
Alle Welt fürchte den Herrn;
vor ihm sollen alle beben, die den Erdkreis bewohnen.
Denn der Herr sprach, und sogleich geschah es;
er gebot, und alles war da.
Der Herr vereitelt die Beschlüsse der Heiden,
er macht die Pläne der Völker zunichte.
Der Ratschluß des Herrn bleibt ewig bestehen,
die Pläne seines Herzens überdauern die Zeiten.
Wohl dem Volk, dessen Gott der Herr ist,
der Nation, die er sich zum Erbteil erwählt hat.
Der Herr blickt herab vom Himmel,
er sieht auf alle Menschen.
Von seinem Thronsitz schaut er nieder auf alle Bewohner der Erde.
Der ihre Herzen gebildet hat, er achtet auf all ihre Taten.
Dem König hilft nicht sein starkes Heer,

der Held rettet sich nicht durch große Stärke.
Nichts nützen die Rosse zum Sieg,
mit all ihrer Kraft können sie niemand retten.
Doch das Auge des Herrn ruht auf allen,
die ihn fürchten und ehren, die nach seiner Güte ausschaun;
denn er will sie dem Tod entreißen
und in der Hungersnot ihr Leben erhalten.
Unsre Seele hofft auf den Herrn; er ist für uns Schild und Hilfe.
Ja, an ihm freut sich unser Herz,
wir vertrauen auf seinen heiligen Namen.
Laß Deine Güte über uns walten; Herr,
denn wir schauen aus nach Dir.   *Psalm 33*

Bei Dir ist die Weisheit   [129]

Gott der Väter und Herr des Erbarmens,
Du hast das All durch Dein Wort gemacht.
Den Menschen hast Du durch Deine Weisheit erschaffen,
damit er über Deine Geschöpfe herrscht.
Er soll die Welt in Heiligkeit und Gerechtigkeit leiten
und Gericht halten in rechter Gesinnung.
Gib mir die Weisheit, die an Deiner Seite thront,
und verstoß mich nicht aus der Schar Deiner Kinder!
Ich bin ja Dein Knecht, der Sohn Deiner Magd,
ein schwacher Mensch, dessen Leben nur kurz ist,
und gering ist meine Einsicht in Recht und Gesetz.
Wäre einer auch vollkommen unter den Menschen,
er wird kein Ansehen genießen,
wenn ihm Deine Weisheit fehlt.
Mit Dir ist die Weisheit, die Deine Werke kennt
und die zugegen war, als Du die Welt schufst.
Sie weiß, was Dir gefällt und was recht ist nach Deinen Geboten.
Sende sie vom heiligen Himmel,
und schick sie vom Thron Deiner Herrlichkeit,
damit sie bei mir sei und alle Mühe mit mir teile
und damit ich erkenne, was Dir gefällt.
Denn sie weiß und versteht alles;

sie wird mich in meinem Tun besonnen leiten
und mich in ihrem Lichtglanz schützen.
Denn welcher Mensch kann Gottes Plan erkennen,
oder wer begreift, was der Herr will?
Unsicher sind die Berechnungen der Sterblichen
und hinfällig unsere Gedanken;
denn der vergängliche Leib beschwert die Seele,
und das irdische Zelt belastet den um vieles besorgten Geist.
Wir erraten kaum, was auf der Erde vorgeht,
und finden nur mit Mühe,
was doch auf der Hand liegt;
wer kann dann ergründen, was im Himmel ist?
Wer hat je Deinen Plan erkannt,
wenn Du ihm nicht Weisheit gegeben
und Deinen heiligen Geist aus der Höhe gesandt hast?
So wurden die Pfade der Erdenbewohner gerade gemacht,
und die Menschen lernten, was Dir gefällt;
durch die Weisheit wurden sie gerettet.

Buch der Weisheit

Dein Wort ist wirksam   [130]

Herr, der Du in dem Himmel wohnst!
Dort oben in der Höh' sind Deine Augen.
Dein oberes Gemach ist in den Lüften.
Dein Thron ist unbeschreiblich,
und Deine Glorie ist unfaßbar.
Vor Dir steht zitternd da der Engel Heer,
der Engel, deren Chor
in Sturm und Feuer sich verwandelt.
Dein Wort ist wirksam
und Deine Aussprüche vollgültig
und Deine Anordnung so kraftvoll
und Dein Befehl gefürchtet.
Dein Blick legt Tiefen trocken.
Dein Zorn schmelzt Berge,
und Deine Wahrheit währet ewig.

Erhör, Herr, Deines Knechts Gebet!
Vernimm das Flehen Deiner Kreatur,
und merk auf meine Worte!
Solang ich lebe, muß ich reden,
solang ich denken kann, erwidern.

4. Buch Esdras

Du hast alle Erkenntnis gelehrt   [131]

Gepriesen seist Du, mein Gott,
der Du der Erkenntnis öffnest das Herz Deines Knechtes!
Bereite in Gerechtigkeit all seine Werke,
und erfülle dem Sohne Deiner Wahrheit,
wie Du [es] willst für die Erwählten der Menschheit:
zu stehen vor Dir für immer!
Denn ohne Dich wird kein Wandel vollkommen,
und ohne Deinen Willen geschieht gar nichts.

Du hast alle Erkenntnis gelehrt,
und alles Gewordene ward durch Deinen Willen.
Kein anderer ist außer Dir,
zu antworten auf Deinen Ratschluß,
zu verstehen Deinen ganzen heiligen Plan
und Deiner Geheimnisse Tiefe zu schauen,
einzusehen all Deine Wundertaten
mit der Kraft Deiner Macht.
Wer vermag Deine Herrlichkeit zu erfassen?
Wer ist er auch schon, der Mensch,
unter Deinen Wunderwerken
und der Weibgeborene, [was gilt er] vor Dir?
Er, seine Form ist aus Staub
und Nahrung der Würmer seine Gestalt.
Er, ein Gebilde, bloß geformter Lehm,
und zum Staube hin zieht es ihn wieder!
Was sollte Lehm antworten und das Gebilde der Hand,
und was versteht er in bezug auf den Ratschluß?

Sektenkanon von Qumran

Lebendig, beständig und treu   [132]

Wahrhaft und fest, sicher und beständig,
gerecht und treu, freundlich und lieblich,
reizend und hold, furchtbar und mächtig,
erprobt und erlesen, gut und schön
ist dieses Wort für uns auf immer und ewig.
Wahrhaft, der ewige Gott ist unser König,
Jakobs Fels ist der Schild unsres Heils.
Beständig ist Er von Geschlecht zu Geschlecht,
beständig Sein Name und sicher Sein Thron,
auf ewig beständig Seine Treue und Macht;
lebendig, beständig und treu Seine Worte,
kostbar für immer und ewige Zeit:
für unsere Väter und auch für uns selbst,
für unsre Kinder und unsre Geschlechter,
für alle Geschlechter aus Deines Knechtes Israel Samen,
für die Ersten und auch für die Letzten,
Dein Wort ist gut und beständig für immer und ewig.

Wahrheit und Treue sind ein unverbrüchlich Gesetz;
Wahrhaft, Du, Jahwe, bist unser Gott,
der Gott unsrer Väter,
unser König, König der Väter, unser Erlöser,
Erlöser der Väter,
unser Erschaffer, Fels unsres Heiles,
unser Befreier und Retter.
Dein Name ist von Ewigkeit her,
außer Dir gibt's keinen Gott!

Dankhymnus

Wahrheit und Recht   [133]

Gepriesen seist Du, Jahwe, unser Gott, König der Welt, Fels aller
Ewigkeiten, Gerechter in allen Geschlechtern, treuer Gott, der da
spricht und es tut, der da redet und es hält; denn alle seine Worte
sind Wahrheit und Recht!

Treu bist Du, Jahwe, unser Gott, zuverlässig sind Deine Worte, Du Treuer, Lebendiger und [ewig] Bleibender; Dein Name und Dein Gedächtnis soll beständig über uns herrschen in alle Ewigkeit!

Treu bist Du; gepriesen seist Du, Jahwe, der ein treuer Gott ist in allen seinen Worten!

Lobspruch

Deine Weisung um ihrer selbst willen lernen [134]

Gepriesen Du ..., der uns durch seine Gebote geheiligt und uns geboten hat, uns mit den Worten der Weisung zu beschäftigen. Laß doch, o Herr, unser Gott, die Worte Deiner Weisung lieblich sein in unserem Mund und in dem Mund Deines Volkes, des Hauses Israel, und mögen wir und unsere Sprößlinge und die Sprößlinge Deines Volkes, des Hauses Israel, wir alle Deinen Namen erkennen und Deine Weisung um ihrer selbst willen lernen. Gepriesen Du, o Herr, der sein Volk Israel die Weisung lehrt.

Segensspruch am Morgen

Der Du aus Flammen sprichst [135]

Ewiger, Gott der Heerscharen! Der Du thronst über den Kerubim! Du sprachst: „Kehrt wieder, ihr abtrünnigen Kinder! Naht euch doch mir mit wohlgefälligen Worten, suchet mich, so lebet ihr viele Tage!" Bestehen Deine Worte nicht ewiglich? Auf sie stützen wir uns und nahen uns. Gedenke unser zu glücklichem Leben! Begnade uns nach Deiner großen Gnade! Gütig bist Du den Bösen und Guten, Deine Rechte ist ausgestreckt, die Wiederkehrenden zu empfangen – denn Dir gefällt nicht der Tod der Schuldigen. Darum flehen wir früh und spät: Hochgelobter König in den Heeren der Kerubim! Reinige uns von Sünde und Schuld! Vergib doch, denn unsrer Frevel sind viel! Erhöre uns um der Erzväter willen, daß die Türen der Buße nicht verschlossen seien, daß unser Geschrei Dich erreiche. Nähere uns Dir, der Du aus Flammen sprichst, nimm uns wohlgefällig auf wie Opfer von Stieren und Lämmern.

Wir kehren zurück zu Dir, Kinder und Greise, festhaltend, vertrau-
end auf Deine große Barmherzigkeit.

Bußgebet der furchtbaren Tage

Bewährt ist Dein Gericht   [136]

Wir wissen, Gott, bewährt ist Dein Gericht, bewährt Dein Wort,
lauter Dein Urteil. Über Deinen Urteilsspruch soll man nicht grü-
beln. Bewährt bist Du, Gott, und gerade Dein Urteil. Er ist ein treuer Richter, richtet nach Bewährung und Treue. Lob ihm, dem Richter der Treue, alle seine Urteilssprüche sind Bewährung und Treue.
Die Seele alles Lebenden ist in Deiner Hand, Bewährung erfüllt
Deine Rechte, erbarme Dich über den Rest Deiner Herde, und
sprich zum Engel: Ziehe Deine Hand zurück. Groß bist Du an Rat,
mächtig im Wirken, Deine Augen überwachen alle Wege der
Menschenkinder, einem jeden nach seinen Wegen zu geben und
nach der Frucht seiner Taten. Daß kund werde, gerade ist Er, mein
Fels, und kein Fehl an ihm. Gott hat gegeben, Gott hat genom-
men, Gottes Name sei gelobt. Er, der Barmherzige, sühnt die
Schuld und vergilt nicht, er nimmt seinen Zorn immer wieder
zurück.

Beerdigungsgebet

Wir mit Deinem Wort   [137]

Gnade, Gott, Gnade uns gewähre!
Heute, Gott, heute uns erhöre!
Hilf, Du unsre Wehre!

Diese mit Rittern kommen, jene mit Wagen;
wir es auf Deinen Namen wagen
und schauen die Hilfe aus Wolken ragen.

Diese mit Legionen, vermessen jene sich brüsten;
wir haben sein Wort statt Kriegeslisten,
unter dem Schutze der Schwachen wir rüsten.

Diese mit Tartschen sich decken, jene mit Schilden;
wir mit Deinem Wort, unsere Zuflucht zu bilden,
das uns berge vor dem Grimme der Wilden ...

Diese mit Posaunengetöse, jene mit Kriegsgeschrei;
wir kommen mit der Stimme Gottes herbei,
die bändiget Fluten, und Felsen bricht sie entzwei.

Salomo ben Jehuda

Du machst weit mein Herz   [138]

Mein Herz für Dich zum Lobgesang ich bilde;
die Buße ist das Werk Deiner Milde;
mit Deiner Lehre, meinem Schilde,
geh' ich sicher, denn Du machst weit mein Herz.

Mein Herz krankt, da meine Schuld es sieht,
mein Inneres bebt, die Kraft entflieht,
es dunkelt mein Gemüt,
in mir erstarrt mein Herz.

Mein Herz ist in fressendem Schmerz vergangen,
die bösen Taten quälend mich umfangen,
ob der Sünde meine Sinne bangen:
Auch das erschreckt mein Herz.

Mein Herz möcht' aus der Brust mir springen,
wenn meine Lügen die Vergeltung bringen
und auf mich ein die Strafen dringen;
dann heule ich, dann schmerzt mein Herz.

Mein Herz verabscheut der Frechen Schätze
und von den Toren das stechende Geschwätze;
umsonst ist der Fürsten Hetze:
Nur vor Deinem Wort erbebt mein Herz.

Mose Chasan ben Abraham

Gott gebe uns ein reines Herz   [139]

Gott gebe uns ein reines Herz und einen reinen Gedanken, und
aus dem Gedanken breite sich die Reinheit in alle Glieder, daß an
uns das Wort sich erfülle: Ehe sie mich rufen, antworte ich.

Rabbi Salomo von Karlin

Wir bergen uns in Deine Lehre   [140]

Glanzumstrahlter,
Allmachtvoller,
gewähre uns Glück!

Wir bergen uns
in Deine Lehre.
Sie ist unser Heil,
sie ist uns Ehre.

Sie ist unser ganzes,
unser schönstes Glück,
in ihr gelingt uns
unser vorbildliches Meisterstück.

In ihr bist Du, sind wir,
sind alle Menschen und alle Geister,
in ihr sind die Schüler,
in ihr sind die Meister.

In ihr leuchtet es nur,
wird nimmer es Nacht;
in ihr ist alle Liebe,
in ihr ist alle Macht . . .

Arno Nadel

Offen bin ich Deinem Wort   [141]

Ich höre, Herr, ich höre! Mit meiner ganzen Seele horche ich Dir
zu! Aufgetan sind die Quellen meines Bluts und strömen, ausge-
reckt jede Faser meines Leibs, Dich zu fassen, offen bin ich, un-

würdig Gefäß, Deiner Verkündigung. Rede mir Deine Rede, befiehl Deine Befehle, Dein bin ich mit dem Fleisch und dem Inwendigen meiner Seele! Ich will werden in Deinem Willen und vergehen in Deinem Geheiß. Ich will verlassen, die ich liebte, um Deinetwillen und abseits werden meinen Freunden. Ich will lassen die Süße des Weibes und die Hausung der Menschen, in Dir allein will ich wohnen und wandern Deine Wege. Keinen Ruf will ich hören, da ich Deinen erhörte, und ertauben der Rede von Menschen. Dir allein gelobe ich mich, Herr, Dir allein, denn durstig ist meine Seele Deines Dienstes – offen bin ich Deinem Wort und gewärtig Deinen Zeichen!

Stefan Zweig

Sammlung ist Gnade   [142]

Ich bin verstreut. Mein Vater, sammle mich!
Sammlung ist Wille, Sammlung ist Gnade.
Mich lockt ein Feind verräterisch vom Pfade.
Vor diesem Feinde, Herr, verramme mich!

Weh, seine Krähenvögel sendet er.
Sie fahren kreuz und quer vor meinen Blicken.
Und will ich mich zu Deinem Dienste schicken,
mein Ohr mit Flüsterstimmen blendet er.

Und aus mir selber surrt sein Botenschwarm
der Wahnbegierden und der Abgedanken.
Sammlung ist Gnade! Leben, ach, nur Schwanken
mit einem augenlosen Totenschwarm.

Ich bin bereit, mein Vater, rufst Du mich!
Ich sehe Deine Bäume, Deine Hage.
Die Welt ist, die sie grün mir rauscht, die Frage.
Und um der Antwort willen schufst Du mich.

Ich will sie geben. Herr, versenke Du
mich in die Brandung Deiner tiefsten Stillen!
Laß nicht des Feindes Qualen aus mir quillen.
Und wenn ich denke, Vater, denke Du!!

Franz Werfel

Herr! Ich will zurück   [143]

Herr! Ich will zurück zu Deinem Wort.
Herr! Ich will ausschütten meinen Wein.
Herr! Ich will zu Dir, ich will fort.
Herr! Ich weiß nicht aus und nicht ein!
Ich bin allein.

Allein in leerer, atemleerer Luft,
allein im Herzen, vor mir selber scheu.
Alle meine bunten Bälle sind verpufft.
All meine Weisheit ward Dunst und Spreu.
Ich bin arm, Gott! Neu

neig Dich her wie den Vätern,
oder triff mich mit Deinem Strahl:
Auch den ärgsten Tätern
warst Du nah einmal,

zeig Dich, Gewölk oder Feuer,
hol uns zur Wüstenfahrt.
Herr, sind wir Dir nicht teuer:
Warum hast Du uns aufgespart?

Ist der falsche Tag nun verstrichen?
Brach die Nacht hinter uns entzwei?
Alle Sterne sind blind, sind verblichen.
Ruf uns, wir rufen Dich herbei,
noch vorm Hahnenschrei
kommen Deine Boten geschlichen.
Ohne Laut geschlichen.

Karl Wolfskehl

VIII. Ja zum Gottesbund

„Ich schließe zwischen mir und dir den Bund"
(Gen 17,2)

Halleluja!   [144]

Den Herrn will ich preisen von ganzem Herzen
im Kreis der Frommen, inmitten der Gemeinde.
Groß sind die Werke des Herrn,
kostbar allen, die sich an ihnen freuen.
Er waltet in Hoheit und Pracht,
seine Gerechtigkeit hat Bestand für immer.
Er hat ein Gedächtnis an seine Wunder gestiftet,
der Herr ist gnädig und barmherzig.
Er gibt denen Speise, die ihn fürchten,
an seinen Bund denkt er auf ewig.
Er hat seinem Volk seine machtvollen Taten kundgetan,
um ihm das Erbe der Völker zu geben.
Die Werke seiner Hände sind gerecht und beständig,
all seine Gebote sind verläßlich.
Sie stehen fest für immer und ewig,
geschaffen in Treue und Redlichkeit.
Er gewährte seinem Volk Erlösung
und bestimmte seinen Bund für ewige Zeiten.
Furchtgebietend ist sein Name und heilig.
Die Furcht des Herrn ist der Anfang der Weisheit;
alle, die danach leben, sind klug.
Sein Ruhm hat Bestand für immer.

Psalm 111

Er ist unser Herr und Gott   [145]

Gepriesen sei Gott, der in Ewigkeit lebt,
sein Königtum sei gepriesen.
Er züchtigt und hat auch wieder Erbarmen;
er führt hinab in die Unterwelt

und führt auch wieder zum Leben.
Niemand kann seiner Macht entfliehen.
Bekennt euch zu ihm vor allen Völkern, ihr Kinder Israels;
denn er selbst hat uns unter die Völker zerstreut.
Verkündet dort seine erhabene Größe,
preist ihn laut vor allem, was lebt.
Denn er ist unser Herr und Gott, er ist unser Vater in alle Ewigkeit.
Er züchtigt uns wegen unserer Sünden,
doch hat er auch wieder Erbarmen.
Er führt uns aus allen Völkern zusammen,
von überall her, wohin ihr verschleppt worden seid.
Wenn ihr zu ihm umkehrt,
von ganzem Herzen und aus ganzer Seele,
und euch an seine Wahrheit haltet,
dann kehrt er sich euch zu
und verbirgt sein Angesicht nicht mehr vor euch.
Wenn ihr dann seht, was er für euch tut,
bekennt euch laut und offen zu ihm!
Preist den Herrn der Gerechtigkeit,
rühmt den ewigen König!
Ich bekenne mich zum Herrn im Land der Verbannung,
ich bezeuge den Sündern seine Macht und erhabene Größe.
Kehrt um, ihr Sünder, tut, was recht ist in seinen Augen.
Vielleicht ist er gnädig und hat mit euch Erbarmen.
Ich will meinen Gott rühmen, den König des Himmels,
meine Seele freut sich über die erhabene Größe meines Gottes.
Alle, die in Jerusalem wohnen,
sollen sich zu ihm bekennen und sagen:
Jerusalem, du heilige Stadt!
Der Herr bestraft die Taten deiner Kinder,
doch er hat wieder Erbarmen mit den Söhnen der Gerechten.

Buch Tobit

Wir lassen nicht von Dir   [146]

Gepriesen sei der Herr,
der in Gerechtigkeit die ganze Erde richtet!

Du zeigtest, Gott, uns Dein Gericht,
gerecht von Dir vollzogen.
Gott, Dein Gericht erblickten unsere Augen.
Wir priesen Deinen ewiglich berühmten Namen als gerecht.
Du bist ja Gott,
der Israel gerecht erzieht und richtet.
Gott! Wend uns abermals Dein Mitleid zu!
Hab doch mit uns Erbarmen!
Führ das zerstreute Israel
aus Mitleid und aus Güte wiederum zusammen!
Denn Deine Treue ist mit uns.
Wir haben uns als halsstarrig erwiesen;
doch Du bist unser Zuchtmeister.
Wend, unser Gott, Dich nicht von uns!
Die Heiden sollen uns nicht rettungslos verschlingen!
Du bist ja unser Gott von Anfang an;
auf Dir ruht unsere Hoffnung, Herr.
Wir lassen nicht von Dir.
Denn Deine Satzungen für uns sind gütig.
Die Gnade bleibe uns und unsern Kindern ewiglich!
Herr, unser Heiland!
Wir wollen niemals wieder wanken.
Gepriesen sei der Herr
im Mund der Frommen wegen der Gerichte!
Und Israel sei ewiglich vom Herrn gesegnet!

Psalm Salomos

Wir alle sind ein Volk   [147]

Mein Herr! Rufst Du, die Zeiten sollen kommen,
so stehn sie schon vor Dir.
Der Welten Regiment läßt Du vergehen;
sie widersetzten sich Dir nicht.
Den Lauf der Jahreszeiten ordnest Du;
sie folgen Dir.
Die Dauer der Geschlechter kennst nur Du allein,
doch offenbarst Du nicht der Menge die Geheimnisse von Dir.

Du gibst des Feuers Masse an;
die Schnelligkeit des Windes wägst Du ab.
Den Saum der Himmelshöhen erforschest Du,
die Abgründe der Finsternis ergründest Du.
Und Du bestimmst die Anzahl, die vergeht,
und die, die fortbesteht,
und Du bereitest eine Wohnstatt für die Künftigen.
Dir ist bewußt der Anbeginn, den Du geschaffen;
der künftige Untergang entgeht Dir nicht.
Mit Drohen und mit Dräuen
gebietest furchtbar Du den Flammen;
sie wandeln sich in Winde.
Du rufst ins Leben durch Dein Wort
das, was nicht ist.
Mit großer Kraft
beherrschest Du,
was noch nicht eingetreten.
Du lehrst durch Deine Einsicht die Geschöpfe
und machst die Sphären weise,
so daß nach ihren Ordnungen sie dienstbar sind.
Zahllose Heeresscharen stehen vor Dir
und dienen freudig Deinem Wink nach ihren Chören.
Hör nur auf Deinen Diener,
und merk auf meine Bitte!
Inmitten einer kurzen Spanne Zeit sind wir geboren;
inmitten einer kurzen Spanne kehren wir zurück.
Bei Dir sind Stunden gleich den Jahren
und Tage gleich Geschlechtern.
Zürn nicht dem Menschen!
Er ist ja nichts.
Denk doch nicht über unsere Werke nach!
Was sind wir denn?
Wir kamen in die Welt durch Dein Geschenk,
und nicht mit unserm Willen gehn wir wieder fort.
Wir sagten nicht zu unsern Vätern:
„Zeuget uns!"
Wir sandten nicht zur Unterwelt und sagten:

„Nimm uns auf!"
Was ist denn unsere Stärke,
daß Deinen Zorn wir tragen könnten?
Was sind wir denn,
daß das Gericht wir aushielten?
Bestimm uns Du in Deiner Gnade!
Hilf uns nach Deiner Milde!
Blick auf die wenigen, die sich Dir unterwarfen!
Rett alle die, die sich Dir nahen!
Nimm unserm Volk nicht seine Hoffnung weg!
Verkürze nicht für uns der Hilfe Zeiten!
Das ist das Volk, das Du Dir auserwählt.
Sie sind das Volk,
dem Du nicht ebenbürtig eines fandest.
Doch reden will ich jetzt vor Dir
und sagen, wie mein Herze denkt.
Auf Dich vertrauen wir;
bei uns ist Dein Gesetz.
Wir wissen auch, daß wir so lang nicht fallen,
als wir an Deine Bundesvorschriften uns halten.
Heil uns zu aller Zeit!
Wir haben mit den Völkern uns nicht mehr vermischt!
Wir alle sind ein Volk,
das einen hochberühmten Namen trägt,
die wir von Einem ein Gesetz empfingen.
Und das Gesetz, das unter uns verweilt,
ist unsere Hilfe;
die Weisheit, die vortreffliche bei uns,
ist unsre Stütze.

Baruch-Apokalypse

Ich bin sein   [148]

Mein Freund ist mein, und ich bin sein.
Er ist mein Gott, und ich bin sein Volk.
Er ist mein Vater, und ich bin sein Kind.
Er ist mein Hirt, und ich bin seine Herde.

Er besiegt mich, und ich besinge ihn.
Er verkündet meine Einzigkeit, und ich verkünde seine.
Wenn ich etwas brauche, bitte ich ihn,
und wenn er etwas braucht, bittet er mich,
denn es steht geschrieben: Sprich mit den Kindern Israels,
sage den Kindern Israels, daß sie dieses tun –
um meinetwillen,
daß sie jenes tun – um meinetwillen!
Wenn ich in Bedrängnis bin,
komme ich zu Ihm,
und wenn Er in Bedrängnis ist,
kommt Er zu mir,
denn es steht geschrieben:
Ich bin mit meinem Volk in der Bedrängnis.

Midrasch Rabba zum Hohenlied

Im Bereich des Lebens   [149]

Ich preise Dich, Herr!
Denn Du stützest mich durch Deine Kraft,
und Deinen heiligen Geist hast Du auf mich gesprengt,
auf daß ich nicht wanke.
Du stärkst mich vor den Kämpfen des Frevels,
und durch all ihr Unheil ließest Du
mich nicht abschrecken von Deinem Bund.
Du stellst mich hin wie einen starken Turm,
wie eine hochragende Mauer,
setzest fest auf Fels meinen Bau
und ewige Fundamente zu meinem Grund
und all meine Wände zur „bewährten Mauer",
die unerschütterlich ist.

Du, mein Gott, hast mich gegeben
in das Gezweig der heiligen Gemeinde,
richtest mein Herz auf Deinen Bund
und meine Zunge nach Deinen Lehren.
Aber mundtot sei der Geist des Unheils,

und keine Antwort der Zunge sei all den Söhnen der Schuld,
denn es sollen verstummen die Lippen des Truges!
Denn all meine Gegner verdammst Du zum Gericht,
um zu scheiden an mir den Gerechten vom Frevler.

Denn Du kennst jeden Sinn einer Tat
und erfassest alle Antwort der Zunge.
Du setzt mein Herz fest in Deinen Lehren
und in Deiner Wahrheit,
um meinen Fuß nach den Bahnen des Rechtes zu lenken,
daß ich wandle vor Dir im Bereiche des Lebens,
nach den Pfaden der Herrlichkeit und des Lebens
und des Friedens ohne Ende,
unaufhörlich für immer.

Hymnenrolle von Qumran

Der Erlöser unserer Väter   [150]

Wahrheit ist der Gott der Ewigkeit, unser König, der Fels Jakobs,
der Schild unsrer Hilfe. Geschlecht für Geschlecht bleibt er bestehn
und bleibt sein Name bestehn; sein Thron ist fest gegründet, und
seine Königsherrschaft und seine Treue währen ewiglich; seine
Worte sind lebenskräftig und bleiben bestehn, zuverlässig und
kostbar für immer und in alle Ewigkeiten über unsren Vätern und
über uns, über unsren Söhnen und über unsren Geschlechtern und
über allen Geschlechtern des Samens Deines Knechtes Israel. Über
den Früheren und über den Späteren ein gutes Wort, das da bleibt
immer und ewiglich; Treue und Wahrheit, eine Satzung, die nie
vergeht. Wahrheit ist es, daß Du bist Jahwe, unser Gott und Gott
unsrer Väter, unser König, der König unsrer Väter, unser Erlöser,
der Erlöser unsrer Väter, unser Bildner, der Fels unsrer Hilfe, unser
Erlöser und unser Erretter, von Ewigkeit ist das Dein Name; es gibt
keinen Gott außer Dir.

Morgensegen

Unser Gott, Herr der Welt   [151]

Gepriesen seist Du, Ewiger, unser Gott,
Herr der Welt,
der seine Welt alle Tage lädt zum Mahle
in Liebe, in Milde und Güte.
Brot teilst Du aus unter allem Geschöpf;
denn ohn' End ist Deine Liebe.
Nimmer mangelt uns Speise zu jeglicher Zeit
durch Deines Waltens Güte.
Du speisest und pflegst alle Welt,
tust wohl jeglichem Wesen
und richtest Speise
allem Geschöpf, das Du erschufst.
Darum sei gepriesen, o Gott,
der das All speiset.

Wir danken Dir,
daß Du unsere Väter einst herausgeführt aus Ägyptenland
und sie erlöst hast aus dem Diensthause,
für den Bund, mit dem Du uns Dir angetraut,
und für die Lehre, die Du uns geschenkt,
für unser Leben, das Deine Liebe uns vergönnt,
und für den Tisch, den Du uns deckst,
Du unser Pfleger allzeit,
jeden Tag und jede Stunde.
Und für all dies danken wir Dir und preisen Dich,
und alles Lebens Mund lobt Deinen Namen allezeit.
Gepriesen seist Du, Ewiger,
für den Boden und für die Nahrung!

Tischdank

Du unser Vater   [152]

Wir sind Dein Volk und Du unser Gott.
Wir sind Deine Kinder und Du unser Vater.

Wir sind Deine Knechte und Du unser Herr.
Wir sind Deine Lämmer und Du unser Hirt.

Wir sind Dein Weingarten und Du unser Hüter.
Wir sind Dein Erbe und Du unser Anteil.

Wir sind die auf Dich Hoffenden und Du unser Retter.
Wir sind Dein Werk und Du unser Schöpfer.

Wir sind Deine Lieblinge und Du unser Verwandter.
Wir sind Dein Volk und Du unser König.

Wir sind Deine Geliebte und Du unser Geliebter.
Wir sind Deine Gepriesenen und Du unser Preis.

Vor dem Sündenbekenntnis des Versöhnungstages

Du hast gerettet   [153]

Als nach der Dränger uns setzte, uns jagte und hetzte
– Wüste um uns her und das tosende Meer –,
warst unser Denken in Drangsalen Du,
warst unser Rufen aus Engnissen Du,
warst unser Harren aus Fernen Du,
ließest Dich finden aus Nähen uns Du!

Wir schrien, und Du hast entsprochen,
wir hauchten, und Du hast's gehört,
wir hofften, und Du hast gerettet,
wir hielten uns still, und Du führtest den Krieg.
Dann trotzten wir Dir – da bist Du uns entschwunden,
Furchtbarer, Ragender, Heiliger!

Jonathan Janai

Gott selbst mein Teil   [154]

Knechte der Zeit
sind Knechte von
Knechten;

nur Gottes Knecht,
als einz'ger ist
frei er.

Drum, wenn um sein
Teil jeder Mensch
bittet,
mein Herz, es spricht:
Gott selbst, mein Teil
sei er!

Jehuda Halevi

Wir erwartend hoffen   [155]

Von Unheil getroffen,
wir erwartend hoffen,
Deine Stätte zu schauen,
den Altar zu bauen,
mit Herzen, für Liebe erweicht,
mit Ohren, Deinem Worte geneigt,
mit Jochen,
die zerbrochen,
aufrecht gehend, erleuchtet,
die Augen von Freude gefeuchtet.
Hörst Du das Höhnen,
das Stöhnen,
siehst Du die Herzen
voll Schmerzen?
Von Unrecht und Gewalt
es ringsum erschallt;
sie werden nicht gefragt,
wenn sie gestoßen und gejagt,
zu Tode sind geplagt. –
Doch auch gehaßt und verachtet
sie empor zu Dir schauen,
denn Deiner Liebe sie vertrauen.

Simcha ben Samuel

Unsere Verbannung ist die Deine   [156]

Dich, großer Gott, Dich Starken, Furchtbaren
rufen wir am Tage der Gefahren;
das Exil und jede Not, die uns ereilt,
hast Du stets mit uns geteilt:
Unsere Verbannung ist die Deine,
in Haft sind wir nicht alleine,
Du und wir werden erlöst zugleich,
und siegen wir, sieget Gottes Reich.

Jehuda

Für Dich bluten, die Dich lieben   [157]

Man schmähet uns – wir schweigen,
um Deinetwillen das Haupt wir neigen;
Dein Name ist uns in das Herz geschrieben,
für Dich bluten, die Dich lieben . . .

O alte Treue, kehre wieder!
Alte Hilfe, steig hernieder,
greife dem Sinkenden unter die Arme,
daß er an Deiner Liebe erwarme!

Ephraim ben Jakob

Ich verknüpfe mich mit ganz Israel   [158]

Ich verknüpfe mich mit ganz Israel, mit denen, die größer sind als
ich, daß durch sie mein Gedanke aufsteige, und mit denen, die
kleiner sind als ich, daß sie durch mich erhoben werden.

Rabbi Jechiel Michal von Zloczow

Gottes heil'ge Herde   [159]

Nur Herde sind wir – Gottes heil'ge Herde:
Für uns, die Opfer, ist Altar die Erde;
gefesselt gehen wir, in Seilen, straffen:

Das Opferlamm zu sein, sind wir geschaffen.
Von der Geburt zum Grabe gehn gebunden
in Riemen wir, wie man für gut befunden.

Wie Weidenschafe sind wir, Vieh zum Schlachten:
Uns fressen die, die uns zur Weide brachten,
ziehn uns das Fell ab, lassen Wolle scheren
und sehen unsre Krippen nicht, die leeren.
Von Kind an läßt man uns in Wüsten gehen,
wo es kein Futter gibt, wo Stürme wehen.

Erwählte Herde, eisern aufgerichtet:
Was uns geschah, es hat uns nicht vernichtet.
Wölfe ließen uns noch einen Knochen,
nicht ganz hat uns der Scherer rauh zerbrochen,
den Geist hat nicht der falsche Hirt zerschlagen,
doch ewig können wir das nicht ertragen.

Jehuda Leib Gordon

Ganz brachest Du in uns ein   [160]

Einen Augenblick währte Dein Zorn.
Eines göttlichen Augenblicks Dauer
hast Du Dich vor uns verborgen,
blicktest Du von uns fort.
Aber ganze Geschlechter sind
in diesem Abgrund versunken:
In dieses Hier ohne Dort,
in dieses Heut' ohne Morgen,
in dieses Schrein ohne Wort,
in diese Wildnis von Trauer
stürzten wilder und wilder
Millionen sprühender Funken
Deines lebendigen Lichts,
Millionen geleibter Bilder
Deines Angesichts,
in Qualen ohn' Ende zertreten.
Wie sollen, wie können wir, Herr,

Entsetzlicher, Ewiger,
wir, die noch atmen, noch sind
ganz dem Entsetzen zum Raub,
vom Donner des Schicksals taub,
von stürzenden Tränen blind,
über diesen Abgrund von Not,
von Leid, Schuld und Tod
zu Dir beten?
Wir können nicht beten, nur schrein,
Du selber, Herr, hältst uns fest
und lähmst uns die Zunge im Munde.
Wir kennen von Dir nur die Wunde,
die Du, uns verlassend, uns schlugst,
wir kennen von Dir nur die Stunde,
mit der Du uns suchst und versuchst.
Sind wir drum weniger Dein?
Ganz brachest Du in uns ein.
Ganz willst Du in dieser Wunde
uns brennende Gegenwart sein.
Drum, wenn Du in dieser Stunde
selbst uns das Beten erläßt
und gibst unserem Schweigen recht
und hältst unsere Hände fest
und vernimmst unser einsames Schrein:
Eins wirst Du diesem Geschlecht,
das Deine Hände zerpressen,
in Ewigkeit nicht verzeihn:
Das Vergessen.

Margarete Susman

IX. Ja zu Gottes Gesetz

„Seid heilig, wie ich heilig bin."
(Lev 11,45)

Das Gesetz des Herrn ist verläßlich   [161]

Die Himmel rühmen die Herrlichkeit Gottes,
vom Werk seiner Hände kündet das Firmament.
Ein Tag sagt es dem andern, eine Nacht tut es der andern kund,
ohne Worte und ohne Reden, unhörbar bleibt ihre Stimme.
Doch ihre Botschaft geht in die ganze Welt hinaus,
ihre Kunde bis zu den Enden der Erde.
Dort hat er der Sonne ein Zelt gebaut.
Sie tritt aus ihrem Gemach hervor wie ein Bräutigam;
sie frohlockt wie ein Held und läuft ihre Bahn.
Am einen Ende des Himmels geht sie auf
und läuft bis ans andere Ende;
nichts kann sich vor ihrer Glut verbergen.
Die Weisung des Herrn ist vollkommen,
sie erquickt den Menschen.
Das Gesetz des Herrn ist verläßlich,
den Unwissenden macht es weise.
Die Befehle des Herrn sind richtig, sie erfreuen das Herz;
das Gebot des Herrn ist lauter, es erleuchtet die Augen.
Die Furcht des Herrn ist rein, sie besteht für immer.
Die Urteile des Herrn sind wahr, gerecht sind sie alle.
Sie sind kostbarer als Gold, als Feingold in Menge.
Sie sind süßer als Honig, als Honig aus Waben.
Auch Dein Knecht läßt sich von ihnen warnen;
wer sie beachtet, hat reichen Lohn.

Psalm 19

Aus der Tiefe rufe ich, Herr, zu Dir [162]

Aus der Tiefe rufe ich, Herr, zu Dir: Herr, höre meine Stimme!
Wende Dein Ohr mir zu, achte auf mein lautes Flehen!
Würdest Du, Herr, unsere Sünden beachten,
Herr, wer könnte bestehen?
Doch bei Dir ist Vergebung, damit man in Ehrfurcht Dir dient.
Ich hoffe auf den Herrn, es hofft meine Seele,
ich warte voll Vertrauen auf sein Wort.
Meine Seele wartet auf den Herrn,
mehr als die Wächter auf den Morgen.
Mehr als die Wächter auf den Morgen
soll Israel harren auf den Herrn.
Denn beim Herrn ist die Huld, bei ihm ist Erlösung in Fülle.
Ja, er wird Israel erlösen von all seinen Sünden.

Psalm 130

Gesündigt hab' ich, Gott [163]

Gesündigt habe ich, Gott, gesündigt,
an Dir gesündigt, Allvater,
gesündigt gegen Deine auserwählten Engel,
gesündigt gegen Kerubim und Serafim,
gesündigt gegen Deinen unerschütterlichen Thron,
gesündigt, Herr, gar viel gesündigt;
durch mich kam alle Sünde in die Schöpfung.

Moses-Apokalypse

Dir bekenn' ich meine Sünden [164]

O Herr, Gott der Gerechten,
der Du die Welten schufst
und allem Leben gabst,
der Du den Geist des Lebens jeglichem Geschöpf verliehest,
der Du das Unsichtbare in das Licht gebracht,
der Du das All geschaffen,
das Unsichtbare sichtbar hast gemacht,
der Du den hohen Himmel schufest,

die Erde auf die Wasser gründetest,
der Du die großen Steine auf der Wassertiefe festigtest,
die nicht versinken können,
die vielmehr bis zum Ende Deinen Willen tun,
weil Du, o Herr, befahlst und alles ward.
Dein Wort, o Herr, ist Leben ja für alle Deine Schöpfungen.
Zu Dir nun flieh' ich, Herr, mein Gott:
Von jetzt an ruf' ich, Herr, zu Dir,
und Dir bekenn' ich meine Sünden;
vor Dir schütt' ich mein Flehen aus, o Herr;
vor Dir enthüll' ich meine Sündenschulden.
Schon meiner, Herr! Verschone!
Denn viel hab' ich an Dir gesündigt und gefrevelt,
gottlos gehandelt,
Abscheuliches, was schlecht in Deinen Augen, ausgesprochen.
Befleckt ist, Herr, mein Mund
von Götzenopfern der Ägypter,
von ihren Göttermahlen.
Ich hab' gesündigt, Herr,
ich hab' vor Dir gesündigt;
ich habe wissentlich wie auch unwissentlich gottlos gehandelt;
ich habe ja tote, stumme Götzenbilder angebetet.
So wie ein kleines Kind, das jemand fürchtet,
zum Vater und zur Mutter flieht,
der Vater aber seine Hand ausstreckt
und es an seine Brust hinreißt,
so streck auch Du, mein Herr,
die reinen und die furchtbaren Hände nach mir aus,
gleichwie ein Vater, der die Kinder liebt,
und reiß mich aus der Hand des geistigen Feindes!

Buch Joseph und Asenath

Mach mich in Deiner Gerechtigkeit rein   [165]

Gepriesen seist Du,
Gott des Erbarmens und der Huld,
in Deiner großen Kraft und Deiner Wahrheit Fülle

und Deiner reichen Gnade an allen Deinen Werken.
Fröhlich laß in Deiner Wahrheit Deines Knechtes Seele werden,
und mach mich in Deiner Gerechtigkeit rein,
wie ich ja Deiner Güte harre,
auf Deine Gnade hoffe und auf Dein Vergeben.
Meine Schmerzen lösest Du, tröstest mich in meinem Kummer,
denn auf Dein Erbarmen stütz' ich mich.

Hymnenrolle von Qumran

Mit Deiner Gesetzeslehre   [166]

Laß angenehm sein, o Herr, unser Gott, die Worte Deiner Gesetzeslehre in unserem Munde sowie in dem Munde Deines Volkes,
des Hauses Israel. Mögen wir alle, unsere Nachkommen und die
Nachkommen Deines Volkes, des Hauses Israel, doch Deinen Namen erkennen und uns mit Deiner Gesetzeslehre befassen.
Gebenedeit seist Du, o Herr, der sein Volk Israel die Gesetzeslehre
lehrt.

Rabbi Jobanan

Mit Deiner großen Barmherzigkeit   [167]

Mein Gott! Bevor ich gebildet wurde, war ich nichts wert, auch
jetzt, da ich gebildet worden bin, ist es, als wäre ich nicht gebildet
worden. Staub bin ich bei meinem Leben, um so mehr bei meinem
Tode. Siehe, ich bin vor Dir wie ein Gefäß voll Scham und
Schmach. Es möge Dein Wille sein, o Herr, mein Gott, daß ich
nimmer sündige, was ich aber gesündigt habe, spüle weg mit Deiner großen Barmherzigkeit.

Raba ben Josef

Der Sauerteig der Sünde   [168]

Möge es Dein Wille sein, Herr, unser Gott und Gott unserer Väter,
daß Du das Joch des bösen Triebes zerbrechest und aus unserem
Herzen entfernest. Denn Du hast uns ja so geschaffen, daß wir
Deinen Willen tun sollen, und wir sind dazu verpflichtet. Du willst

es, und wir wollen es. Wer ist's aber, der uns hindert? Der Sauer-
teig der Sünde. Es ist Dir bekannt und offenbar, daß wir nicht die
Kraft besitzen, ihm zu widerstehen. So mögest denn Du ihn von
uns entfernen und ihn niederhalten, daß wir Deinen Willen wie
unsern Willen mit ganzem Herzen tun.

Rabbi Chija

Heilige uns durch Deine Gebote   [169]

Unser Gott und Gott unserer Väter, habe Gefallen an unserer Ruhe,
heilige uns durch Deine Gebote, und gib, daß unser Teil bei Deiner
Lehre sei. Sättige uns aus Deiner Güte, und erfreue uns mit Deiner
Hilfe. Und läutere unser Herz, daß wir Dir in Wahrheit dienen, und
teile uns, o Herr, unser Gott, Deinen heiligen Sabbat zu in Liebe und
in Gefallen, daß an ihm ruhen die von Israel, die Heiliger Deines Namens. Gepriesen Du, o Herr, der den Sabbat heiligt.

Hauptsegen zum Sabbat

Der Tora freuen wir uns   [170]

Ich lobe Gott und freu' mich an ihm,
meine Hoffnung setz' ich auf ihn,
im Kreis seines Volkes preise ich ihn,
mein Gott, meine Zuflucht, ich vertraue auf ihn.
     Wir jubeln, der Tora freuen wir uns,
     denn sie ist Kraft und Licht für uns.

Mit ganzem Herzen juble ich Deiner Gerechtigkeit,
erzählen will ich Deine Herrlichkeit.
Solange ich lebe, künde ich Deiner Wunder Preis,
Deine Liebe und Deine Treue.
     Wir jubeln, der Tora freuen wir uns,
     denn sie ist Kraft und Licht für uns.

Erlöser, bring eilends den Boten gut,
denn Du bist Zuflucht, eine Festung gut.

Die Erlösten danken Dir mit frohem Mut:
Danket dem Herrn, denn er ist gut.
    Wir jubeln, der Tora freuen wir uns,
    denn sie ist Kraft und Licht für uns.

Erheber, erlöse meine Schar,
denn keiner ist heilig als der Herr.
Die Heere danken dem Herrn,
wer kann aussprechen die Macht des Herrn?
    Wir jubeln, der Tora freuen wir uns,
    denn sie ist Kraft und Licht für uns.

Hat er nicht in Liebe erwählet uns?
„Mein erstgeborener Sohn" nannte er uns,
Pracht und Herrlichkeit gab er uns,
denn ewig ist seine Gnade mit uns.
    Wir jubeln, der Tora freuen wir uns,
    denn sie ist Kraft und Licht für uns.

Prozessionslied

Satzungen und Rechte hast Du uns gelehrt   [171]

Mit ewiger Liebe hast Du das Haus Israel, Dein Volk, geliebt; die
Tora und die Gebote, Satzungen und Rechte hast Du uns gelehrt.
Deshalb, Jahwe, unser Gott, bei unsrem Liegen und bei unsrem
Aufstehn sinnen wir nach über Deine Satzungen und freuen uns
über die Worte Deiner Tora und über Deine Gebote immer und
ewiglich; denn sie sind unser Leben und die Länge unsrer Tage,
und über sie sinnen wir nach Tag und Nacht. Und Deine Liebe
mögest Du in alle Ewigkeiten nicht von uns weichen lassen! Gepriesen seist Du, Jahwe, der sein Volk Israel liebhat!

Abendsegen

Nach Deiner Gnade wir verlangen   [172]

Wegen Missetaten, die wir begangen,
sind unglücklich wir und gefangen:
Beschämt nach Deiner Gnade wir verlangen,

Greis und Kinder betend sich vereinen,
mit dem Bekenntnisse nach Dir sie bangen;
„Hier bin ich!" sprich, wenn wir noch weinen.

Salomo

Du, meine Kraft, Du, meine Zuversicht   [173]

Wie lieblich ist's, auf Deinen Wegen gehn,
wie schön, auf Deinen Bahnen stehn!
Dort ist kein Straucheln, dort kein Fallen,
dort kann man ohne Krümmung wallen.
Drum wandl' ich Deine Pfade unverwandt,
es zieht zu Dir mich Deiner Liebe Band.

Du, dessen Liebe meinen Arm erhoben,
es schaut mein Aug' zu Deinen Himmeln droben.
Du, meine Kraft, Du, meine Zuversicht,
Dein harr' ich noch, wenn schon das Auge bricht.
Dein Dienst ist mein erkoren Teil,
drum hoff' ich gläubig auf Dein Heil.

Was such' ich Dich in weiter Fern'?
Du weilst in meinem Innern gern.
Im Herzen hab' ich Dich geschaut,
dort hast Du Dir den Thron erbaut,
das ist mein Heil, das ist mein Glück,
strahlt mir, o Herr, Dein Gnadenblick.

Jehuda Halevi

Gönne, Vater, mir Deine Huld   [174]

Entführe den Zorn, und er verschwindet,
sich zugewandt der Suchende Dich findet;
dem Zerknirschten helfe Deine Milde,
daß er ein neues Leben bilde;
bereite eine Hülle für meine Schuld,
nimm mir alles fort, das schwer mich drückt;
Dein Vergeben ist's, das mich beglückt;

statt Zurücksetzung, statt der Schmach gönne,
Vater, mir Deine Huld,
dann wird stark, wer heute schwach.
Ich weiß es: Nur dem Herzen
entstammt die Lust, entkeimen Schmerzen,
mein krankes Herz wird gesunden,
wenn ich die rechte Zucht gefunden.
Es helfe mir der Mangel, karge Speise;
vielleicht macht Dürftigkeit mich weise,
vielleicht kommt dem Armen
entgegen Dein Erbarmen,
und das Elend wird ein Pfand,
das mir verbürgt aus Deiner Hand
Weisheit und Verstand.   *Ephraim ben Isaac*

Laß die Liebe Richter sein   [175]

Laß die Liebe Richter sein, nicht die Rechte:
Die Frevel zählen wär' für uns der Tod.
Wolltest die Vergehen Du zusammenreihen,
wer möchte in den Höhen
vor dem Furchtbaren bestehen?
Unsere Hoffnung ist Dein Verzeihen.
Der uns gebildet, will uns nicht vergeltend schlagen
nach den Sünden, die über unsre Häupter ragen,
unsre Empörung nicht nach Menschenart nachtragen;
wir verstummten, kämest Du Maß für Maß zu zahlen.
Nein, Deiner Liebe ist es eigen,
zu machen die Waage neigen,
nicht der Seite zu, wo die großen Zahlen,
sondern nach dem Guten hin, welches das Geringe.
Denn Du stützest Strauchelnde, daß Besserung gelinge,
reichst dem Schwachen Deine Hand;
Du auch uns Gebeugte richtest in die Höhe,
daß uns erfreue, was ich heut erflehe:
Den Brüdern werd' Erlösung und ihrem Boten Heil gesandt!

Itiel

Vor Deinem Richterstuhl   [176]

Vor Deinem Richterstuhl
erscheinen heute Deine Knechte:
Väter, Söhne, alle gleich
an Sprache, aus demselben Geschlechte,
groß und klein, arm und reich,
bekennen alle sie das Schlechte;
sie pochen an Deine Pforten
und suchen Erbarmen die Nächte.
Sie lieben Dich, nicht bloß mit Worten.
Mit Blut sie wahren Treue, echte,
sie freuen sich mit Deinen Gesetzen,
wollen die Erkenntnis Deiner Rechte;
bei Dir auszuharren ihr Ergötzen,
auch wenn man sie ums Leben brächte;
o daß um der Gefallenen willen
unser Herr verzeihen möchte!

Unbekannter aus Deutschland

Öffne Du mir eine Türe   [177]

Ich war gottvergessen,
ging in Finsternissen;
doch ich bin vermessen,
Dir mich vorzustellen.
Ohne rechtes Wissen,
im Handeln ein Tor,
so wuchsen meine Sünden
himmelhoch empor
und wie Meereswellen
schlugen über mich zusammen.
Wie entflieh' ich dem Verdammen? . . .
Öffne Du mir eine Türe,
siehe meinen Seelenkampf,
ich flehe mit großen Schmerzen
tief in meinem Herzen.

Nur das bleibt meine Zuversicht,
Du führst Bereuende nicht
in strenges Gericht,
trägst die Fehler Deiner Kinder
und verzeihest dem Sünder.

Jesaia ben Mali

Herr, zu Dir   [178]

Führe uns zurück, Herr, zu Dir, und wir werden umkehren; erneu-
re unsre Tage wie vordem. Denn die schwere Verbannung lastet
auf uns, und wir haben keine Kraft, von selber zu Dir umzukehren.

Israel von Rizin

Das Gute, nicht das Schlimme suchen   [179]

Mein Gott, bewahre mir im stillen
des Seelenfriedens Heiligtum.
Laß nicht dem Würger seinen Willen,
und gib dem Krieger keinen Ruhm,
o wolle gnädiglich erhören
der Schwachen furchtsames Gebet,
und laß den Bösen nicht zerstören,
was unter Deinem Schutze steht!
Auf Erden läßt sich leidlich leben,
und jeder wird einmal bedacht.
Dem Widersacher zu vergeben,
belohnt mit sanftem Schlaf die Nacht;
das Gute, nicht das Schlimme suchen,
ist, was das Menschenherz befreit,
und wenn wir unserm Los nicht fluchen,
wird es zum Glück der Ewigkeit.

Vergiß die Hoffart von uns allen,
und zieh uns nicht zur Rechenschaft,
o laß uns durch das Schwert nicht fallen!
Gib meinem Glauben wieder Kraft,

den Hang zum Haß laß überwinden
und meinen Feinden zu verzeihn,
mich mit dem Nachteil abzufinden
und in der Not getrost zu sein!

Auf alles will ich gern verzichten,
wird unsrer Welt der Mord erspart,
will abseits meine Lieder dichten,
die dann kein Buch mehr aufbewahrt,
will namenlos verschollen bleiben,
von jedem Freunde weit getrennt,
den Meinen keinen Brief mehr schreiben,
ein Fremdling sein, den keiner kennt.
Doch, Gott, gib Vollmacht nicht dem Tode,
verwüstend ungehemmt zu sein,
sei nicht die grausame Pagode,
unnahbar unsrer Herzenspein,
laß uns noch einmal Atem schöpfen
und harmlos unsre Wege gehn,
laß wieder über unsern Köpfen
den Stern des ewigen Friedens stehn!

Max Herrmann-Neisse

X. Ja zum kommenden Gottesreich

„Siehe, ich komme und wohne bei dir"
(Zach 2,14)

Seht, Gott der Herr kommt mit Macht   [180]

Seht, Gott der Herr kommt mit Macht,
er herrscht mit starkem Arm.
Seht, er bringt seinen Siegespreis mit:
Alle, die er gewonnen hat, gehen vor ihm her.
Wie ein Hirt führt er seine Herde zur Weide,
er sammelt sie mit starker Hand.
Die Lämmer trägt er auf dem Arm,
die Mutterschafe führt er behutsam …
Wer bestimmt den Geist des Herrn?
Wer kann sein Berater sein und ihn unterrichten?
Wen fragt er um Rat, und wer vermittelt ihm Einsicht?
Wer kann ihn über die Pfade des Rechts belehren?
Wer lehrt ihn das Wissen und zeigt ihm den Weg der Erkenntnis?
Seht, die Völker sind wie ein Tropfen am Eimer,
sie gelten soviel wie ein Stäubchen auf der Waage.
Ganze Inseln wiegen nicht mehr als ein Sandkorn.
Der Libanon reicht nicht aus für das Brennholz,
sein Wild genügt nicht für die Opfer.
Alle Völker sind vor Gott wie ein Nichts,
für ihn sind sie wertlos und nichtig.

Deutero-Jesaja

Er richtet den Erdkreis gerecht   [181]

Singet dem Herrn ein neues Lied,
singt dem Herrn, alle Länder der Erde!
Singt dem Herrn und preist seinen Namen,
verkündet sein Heil von Tag zu Tag.
Erzählt bei den Völkern von seiner Herrlichkeit,

bei allen Nationen von seinen Wundern!
Denn groß ist der Herr und hoch zu preisen,
mehr zu fürchten als alle Götter.
Alle Götter der Heiden sind nichtig,
der Herr aber hat den Himmel geschaffen.
Hoheit und Pracht sind vor seinem Angesicht,
Macht und Glanz in seinem Heiligtum.
Bringt dar dem Herrn, ihr Stämme der Völker,
bringt dar dem Herrn Lob und Ehre!
Bringt dar dem Herrn die Ehre seines Namens,
spendet Opfergaben, und tretet ein in sein Heiligtum!
In heiligem Schmuck werft euch nieder vor dem Herrn,
erbebt vor ihm, alle Länder der Erde!
Verkündet bei den Völkern: Der Herr ist König.
Den Erdkreis hat er gegründet, so daß er nicht wankt.
Er richtet die Nationen so, wie es recht ist.
Der Himmel freue sich, die Erde frohlocke,
es brause das Meer und alles, was es erfüllt.
Es jauchze die Flur und was auf ihr wächst.
Jubeln sollen alle Bäume des Waldes
vor dem Herrn, wenn er kommt,
wenn er kommt, um die Erde zu richten.
Er richtet den Erdkreis gerecht
und die Nationen nach seiner Treue.

Psalm 96

Wir aber hoffen nur auf Gott [182]

Du selbst bist unser König, Herr,
auf immer und auf ewig.
In Dir rühmt, Gott, sich unsere Seele.
Was ist auf Erden eines Menschenlebens Dauer?
Solang kann man auf ihn die Hoffnung setzen.
Wir aber hoffen nur auf Gott,
der unser Retter ist.
Denn unseres Gottes Macht
währt ewiglich samt dem Erbarmen.

Und unseres Gottes Königtum
macht an der Heidenwelt sich kund.
Du, Herr, erwähltest David zu dem König über Israel,
schwurst seines Stammes wegen ewig ihm,
nie fänd' vor Dir sein Königtum ein Ende.
Doch unserer Sünden wegen
erhoben gegen uns sich Sünder;
sie packten uns und stießen uns;
sie raubten mit Gewalt,
sie, denen Du doch nichts versprochen.
Vor ihnen flohen,
die gern des Heiligen Gemeinden hatten;
sie wurden aufgescheucht
wie Vögel aus dem Nest.
Und in den Wüsten irrten sie umher,
ihr Leben vom Verderben zu erretten,
und köstlich schien's den Heimatlosen,
das nackte Leben draus zu retten.
Sie wurden durch die Frevler in die ganze Welt zerstreut;
der Himmel hielt an sich,
den Regen auf die Erde zu ergießen.
Zurückgehalten wurden ewige Quellen
aus Tiefen und von hohen Bergen;
denn unter ihnen übte keiner mehr
Gerechtigkeit und Recht.
Vom Fürsten bis zum Geringsten waren sie in jeder Sünde,
in Frevelhaftigkeit der König,
im Abfalle die Richter,
in jeder Missetat das Volk.
Sieh, Herr, darein!
Laß ihnen ihren König wiederum erstehen,
den Davidssohn,
zur Zeit, die Du erkoren, Gott,
daß Israel, Dein Knecht, ihm diene!
Umgürte ihn mit Kraft,
daß er des Frevlers Herrscher niederschmettere!
Mach rein Jerusalem von Heiden,

die's also kläglich niedertreten!
In Weisheit und Gerechtigkeit
treib' er die Sünder aus dem Erbteil fort,
zerschlag' des Sünders Übermut
gleich Tongeschirr!
Mit einem Eisenstock zerschmettre er ihr ganzes Wesen,
vernicht' mit seines Mundes Wort
die frevelhaften Heiden!
Bei seinem Drohen sollen die Heiden vor ihm fliehen!
Ob ihres Herzens Sinn
weis' er zurecht die Sünder!
Dann sammelt er ein heilig Volk,
das er gerecht regiert,
und richtet dann die Stämme
des von dem Herren, seinem Gott, geweihten Volkes.
Er läßt nicht zu,
daß Unrecht fernerhin in ihrer Mitte weile,
und wer um Böses weiß,
darf nicht bei ihnen wohnen.
Er weiß von ihnen,
sie alle sind die Söhne ihres Gottes,
und er verteilte sie nach ihren Stämmen übers Land.
Kein Beisaß darf bei ihnen ferner wohnen,
kein Fremder;
die Völker und die Stämme richtet er
in seiner so gerechten Weisheit.
Er hält die Heidenvölker unter seinem Joch,
daß sie ihm dienen;
den Herrn verherrlicht er
vor aller Welt ganz offenkundig.
Er macht Jerusalem ganz heilig und ganz rein,
so wie's zu Anfang war.
So kommen von dem Erdenende Völker,
um seine Herrlichkeit zu schauen,
und seine Söhne, die verwaisten,
herbringen sie dabei als Gaben.
Sie schauen des Herren Herrlichkeit,

womit es Gott verherrlicht.
Er selbst herrscht über sie
von Gott gesetzt als ein gerechter König.
Kein Unrecht mehr geschieht zu seiner Zeit bei ihnen,
weil alle heilig,
und weil des Herrn Gesalbter jetzt ihr König.
Denn er verläßt sich nicht auf Roß
und nicht auf Reiter, noch auf Bogen.
Auch sammelt er nicht Gold,
noch Silber sich zum Krieg,
hofft für den Tag der Schlacht nicht auf die Masse.
Der Herr ist selbst sein König,
die Hoffnung des durch Gottvertrauen Starken,
und alle Heiden stellt er zitternd vor ihn hin.
Denn er zerschlägt mit seines Mundes Wort
für alle Zeit die Erde.
In Weisheit und mit Freuden segnet er das Volk des Herrn.
Und sündenrein,
kann er ein großes Volk regieren,
in Ordnung Fürsten halten,
mit einem Machtwort Sünder tilgen.
Auch ist er nie in seinem Leben schwach an seinem Gott;
Gott machte ihn am heiligen Geiste stark
und weise an verständigem Rat
mit Tatkraft und Gerechtigkeit.
Des Herren Segen ist mit ihm voll Kraft.
Nicht kränkelt seine Hoffnung auf den Herrn.
Wer kann da etwas wider ihn?
An Tat so mächtig,
in Gottesfurcht so stark,
behütet er des Herren Herde treu und recht
und läßt nicht zu,
daß auf der Weide eins von ihnen kränkle.
Gerade leitet er sie alle;
bei ihnen ist kein Übermut,
daß sie einander unterjochen . . .
Noch reiner als das beste, feinste Gold

sind seine Worte;
er richtet in Gemeinden
die Stämme des geweihten Volkes.
Und seine Worte sind gleich Worten Heiliger
inmitten von geweihten Völkern.
O selig, wer in jenen Tagen leben darf!
Wer in der gottbewirkten Stammvereinigung
das Heil von Israel erblickt!
Gott lass' in Bälde seine Gnade über Israel erscheinen!
Er rette uns vor der Befleckung durch unheilige Feinde!
Der Herr ist selber unser König immerdar und ewig.

Psalm Salomos

Selig, wer in jenen Tagen lebt   [183]

Herr! Dein Erbarmen gegen Deiner Hände Werke
währt ewiglich
und über Israel mit reicher Gabe Deine Güte.
Es blicken Deine Augen auf sie hin,
daß keines davon Mangel leide.
Es hören Deine Ohren
auch auf des Ärmsten hoffnungsvolle Bitte.
Von Dir ergehen die Gerichte voll Erbarmen über alle Welt,
und Deine Lieb' erstreckt sich auf den Stamm des Abraham,
die Kinder Israels.
Es trifft uns Deine Zucht
wie einen erstgebornen, einzigen Sohn;
Du willst die folgsamen Seelen
von unbewußtem Irrtum abbringen.
Gott!
Mach Israel zum Tag der segensvollen Gnade rein,
zum Tag der Auswahl,
kommt sein Gesalbter an die Herrschaft!
O selig, wer in jenen Tagen lebt
und schauen darf des Herren Heil,
das er dem kommenden Geschlechte schafft,
das sich in seiner Gottesfurcht

der Zuchtrute des vom Herrn Gesalbten beugt,
in geistgewirkter Weisheit,
Gerechtigkeit und Kraft!
Er leitet jeglichen in Werken der Gerechtigkeit
durch Gottesfurcht
und stellt sie alle vor das Angesicht des Herrn,
ein gut Geschlecht voll Gottesfurcht in jenen Gnadentagen!

Psalm Salomos

In seiner Hand das Gericht   [184]

Ich weiß, daß in seiner Hand das Gericht über alles, was
lebt, und daß wahrhaftig all seine Taten.
Wenn Bedrängnis losbricht, will ich ihn loben
und bei seiner Hilfe jubeln zuhauf.
Keinem will ich vergelten das Böse,
mit Gutem will ich den Menschen verfolgen,
denn bei Gott ist das Gericht über alles, was lebt,
und Er wird ihm die Vergeltung heimzahlen.
Ich will nicht eifern im Geiste des Frevels,
und nach Besitz durch Gewalttat
soll mein Verlangen nicht sein.
Den Streit mit den Männern des Verderbens
will ich nicht aufgreifen bis zum Tage der Rache.
Meinen Zorn will ich nicht abwenden
von den Männern der Bosheit
und nicht zufrieden sein, bis Er das Gericht hat bestimmt.

Sektenkanon von Qumran

Ziel und Hoffnung   [185]

Wille sei's vor Deinem Angesichte, Gott unser Gott,
daß unserm Lose einwohne: Liebe und Brüderlichkeit,
Friede und Freundschaft,
daß Du erweiterst unsere Grenzen durch Jünger,
daß Du geraten lassest unser Ende nach Ziel und Hoffnung,
daß Du unser Teil uns setzt im Garten Eden,

daß Du uns einfügst in Deine Welt durch guten Genossen
und guten Trieb,
daß wir aufstehn am Morgen und finden:
unser Herz erharrt, Deinen Namen zu fürchten.

Rabbi Eleazar

In alle Zukunftszeit warten wir auf Dein Licht   [186]

Herr der Welt, wir haben Dir zu Mosis Zeiten einen Leuchter gemacht, er ist erloschen, wir haben Dir zehn Leuchter zu Salomos
Zeit gemacht, sie sind auch erloschen. Von nun an und in alle Zu-
kunftszeit warten wir auf Dein Licht, wie es heißt: „In Deinem
Licht sehen wir Licht."

Rabbi Jochanan bar Nappacha

Sammle, die Deiner harren   [187]

Du bist, Ewiger, unser Gott, im Himmel und auf Erden, in den
höchsten Himmeln der Himmel. Fürwahr, Du bist der Erste, und
Du bist der Letzte, und außer Dir ist kein Gott. Sammle, die Deiner
harren von den vier Enden der Erde, auf daß alle Weltbewohner
erkennen und wissen, daß Du allein Gott bist über alle Reiche der
Erde. Du machtest den Himmel und die Erde und das Meer mit allem, was darinnen. Welches Deiner Geschöpfe in den Höhen oder
in den Tiefen darf zu Dir sprechen: Was tust Du? Unser Vater im
Himmel, tu an uns Liebe um Deines großen Namens willen, der
über uns genannt ist, und erfülle an uns, Ewiger, unser Gott, was
geschrieben steht (Zeph 3,20): „Zu jener Zeit laß ich euch kommen, und zu jener Zeit sammle ich euch, ja, ich geb' euch zum
Ruhm und zum Preis unter allen Völkern der Erde, wenn ich eure
Wiederkehr kehren lasse vor ihren Augen, spricht der Ewige."

Morgengebet

Ins Freie   [188]

Es sei der Wille unseres Vaters im Himmel, daß uns gute Botschaf-
ten, Befreiungen und Tröstungen gekündet werden und daß er

unsere Versprengten von den vier Säumen der Erde sammle. Darauf sprechen wir: Amen.

Unsere Brüder aus dem gesamten Hause Israel, die sich in Bedrängnis und in Gefangenschaft befinden, ob sie auf dem Meere, ob auf dem Festlande weilen – der Allgegenwärtige erbarme sich ihrer und führe aus der Enge ins Freie, aus dem Dunkel ans Licht und aus der Knechtschaft zur Erlösung, alsogleich, in Bälde, ja in nächster Zeit. Darauf sprechen wir: Amen.

Bitten nach der Toravorlesung

In naher Zeit [189]

Erhoben und geheiligt werde sein großer Name in der Welt, die Er schuf nach seinem Willen, und Er bringe sein Reich bei euren Lebzeiten und bei Lebzeiten des ganzen Hauses Israel, bald und in naher Zeit, darauf sprechet Amen!

Es sei sein großer Name gepriesen, ewig und in alle Ewigkeit. Gepriesen, gerühmt und verherrlicht, erhoben und erhöht und geehrt und angebetet und gelobt werde sein heiliger Name. Er werde gepriesen hoch über allen Preis und Lied und Ruhm und Trost, die gesprochen werden in der Welt, darauf sprecht Amen!

Bußgebet

Du Allerbarmer [190]

Du Allerbarmer,
mach uns wert der Tage des Messiasreiches
und des Lebens der künftigen Welt!
Der Frieden schafft in seinen Höhen,
Er lasse Frieden kommen
über uns,
über Israel
und über alle Welt! Amen!

Tischgebet

Führ gnädig die Gefangenen heraus   [191]

Auf Gott harre ich, Er stützet mich,
mein Heiliger, meine Ehre, Er erlöset mich –
meines Freundes eigen bin ich.
Zerstreut an allen Enden draus –
führ gnädig die Gefangenen heraus,
komm, mein Freund, wir gehen hinaus!

Sabbatgebet

Herrsche über die ganze Welt   [192]

Unser Gott, Gott unsrer Väter! Herrsche über die ganze Welt in
Deiner Herrlichkeit, und erhebe Dich über die ganze Erde in Deiner
Majestät, und erscheine in der Pracht und Erhabenheit Deiner Gewalt über allen Bewohnern des Erdkreises. So erkenne jedes Geschöpf, daß Du es geschaffen, und verstehe jedes Gebilde, daß Du
es gebildet, und spreche alles, was Atem hat: Der Ewige, der Gott
Israels, ist König, und sein Reich beherrscht alles.

Segensgebet am Neujahrsfest

Schon uns Freiheit winkt   [193]

Schmerzen zum Raube
lieg' ich im Staube,
bete und glaube.
Ich habe das Herz beklommen,
die innere Stimme vernommen;
laß Deine Langmut mir frommen!

Vergilt nicht nach dem Rechte,
aber reiche die Rechte
dem Gnade hoffenden Knechte.
Wir suchen Dich beschämt
das Angesicht vergrämt,
gerechter Strafe verfemt.

Die Hand sinkt,
der Geist ringt,
der Feind schlingt;
unsere Hoffnung verjüngt,
der Heil uns bringt,
schon uns Freiheit winkt!

Bußgebet

Du bist Leben, Du bist Macht   [194]

Schreckliches Verhängnis mich niederreißt
und zieht zu Boden meinen Geist,
und des Kummers Raub
liege ich im Staub.
Ist ganz verloren meine Sache?
Schläfst Du, Hoffnung? O erwache!

Jakob ist Dein,
doch ach, er ist elend, klein,
ist krank und ein Spott.
Du unser Schutz, unser Gott,
Du bist Leben, Du bist Macht,
laß sie erscheinen in voller Pracht!

Salomo ben Jehuda

Frei und groß   [195]

Du siehst unseren Untergang
mit an nun schon so lang,
ist der Zorn noch immer nicht gestillt?
Wir fehlten und wir leiden, die Wund' ist offen,
Dein Eidschwur ist erfüllt,
der Fluch ist eingetroffen.
Wir suchen Dich in späten Tagen,
wir, an Taten arm, verschüchtert zagen,
solange wir noch sind, verbinde
Dich wiederum mit Deinem Kinde;

es bürgt ein göttlich Zeichen,
daß Deinen Segen wir erreichen.
Da die Macht gesunken, und es ringsum machtet,
Deine Braut, die liebend schmachtet,
sich an Deine Treue wendet
und Dir den Blick liebend sendet:
Ob sie stets die Deine bliebe?
Ob zu hoffen auf die Dauer Deiner Liebe?
Entreiße, Gerechter, dem Räuber die Beute!
Die im Finstern gehen, Dein Auge leite,
mit dem Arm entscheide zwischen Starken und Matten,
ihre Fesseln zerschneide;
verkünde denen, die in Todesschatten,
mit der Freiheit himmlische Freude!
Siehe nach Deinen Herden.
Daß gesammelt die Verlornen werden;
dann der treue Hirt ihrer Weide
sie sanft trägt auf dem Schoß
und ihnen Basans Berge gibt,
dort zu weiden, von ihm geliebt,
und zu bleiben, frei und groß.

Salomo ben Isaac

Der Tag des Gerichts   [196]

Wahr ist es, daß Du Richter und Ankläger bist und der, der die Sache kennt und Zeuge ist, und der, der schreibt und besiegelt und buchführt und registriert.
Und du gedenkst aller vergessenen Dinge, und Du öffnest das Buch der Erinnerung,
und es wird aus ihm vorgelesen, und die eigene Bestätigung jedes Menschen findet sich in ihm,
und es wird in die große Posaune geblasen, und man hört einen weichen und zarten Laut.
Und die Engel beben, Angst und Zittern ergreift sie, und sie sagen:
Seht, das ist der Tag des Gerichts, damit Musterung gehalten werden kann über die himmlischen Heerscharen durch Gericht.

Denn vor Deinen Augen fühlt man sich nicht schuldfrei, wenn Du
zu Gericht sitzt.
Ja, jeden, der zur Welt gekommen ist, läßt Du an Dir vorbeiziehen
wie Schafe in einer Hürde.
Wie ein Hirte seine Herde mustert und seine Schafe unter seinem
Stab vorbeiziehen läßt,
so läßt Du jede lebende Seele vorbeiziehen und zählst und regi-
strierst und musterst sie, und Du setzt die Lebensfrist fest für jedes
Geschöpf, und Du schreibst ihr endgültiges Urteil nieder.

Rabbi Amnon

Und säumet er auch   [197]

O Herr der Welt, in der Zeit, da wir gehofft haben, daß Du, barmherziger Gott, Dich über Dein arm Volk Israel erbarmen und uns
erlösen wirst, da haben wir wohl gehofft ganz wie ein Weib, das
da sitzt auf dem Gebärstuhl und plagt sich mit großen Schmerzen
und Wehsal ab und vermeint, nach all ihren Schmerzen und Wehsal wird sie mit ihrem Kind erfreut werden ...
Nicht genug, daß wir das Kind nicht gewürdigt waren zu sehen,
darum wir uns so sehr gemüht haben und so weit gekommen
sind, daß wir uns des ganz versichert hielten, sind wir, ach,
steckengeblieben. Mein Gott und Herr, deshalb verzagen sie doch
nicht, Dein Volk Israel, und hoffen täglich auf Deine Barmherzigkeit, daß Du sie erlösen wirst. „Und säumet er auch, so harre ich
dennoch sein an jeglichem Tag, daß er komme." Wenn es Dein
heiliger Wille sein wird, so wirst Du Deines Volkes Israel schon gedenken.

Glückl von Hameln

Friede über uns   [198]

Daß gehöht
und daß geweiht
sein Name sei
im All, erschaffen, wie's Ihm fromm',
und sein Reich, walt' er's, komm',

solang euch Leben
und Tag gegeben,
und beim Leben von ganz Haus Israel,
daß das bald so
und in naher Zeit,
drauf sprecht: AMEN.
Sei sein Nam' erhoben
Welt auf Welt auf Ewigkeit,
Preis und Dank,
Daß bedankt
und daß genannt
und daß umglänzt
und daß erhöht
und daß gefeit
und daß umkränzt
und daß geweiht
und daß gelobt
des Heiligen Name – ihm Ruhm
ob allem hoch,
was Preises Zungen
je Sang gesungen,
je Klang geklungen,
je Trost erschwungen
in dieser Welt Worten –
Drauf sprecht: AMEN.

Sein großer Friede komm' von oben
und Leben herab uns
und ganz Israel – Drauf sprecht: AMEN.
Der Friede macht auf seinen Höhn,
der mache Friede über uns
und über ganz Israel –
Drauf sprecht: AMEN.

Rabbi Levi Jizchak von Berditschew

Für alle Gnade   [199]

Ich bekenne meinen Dank vor Dir, Herr, mein Gott und Gott meiner Väter, für alle Gnade, die Du an mir getan hast und die Du an mir künftig tun wirst ... Vielleicht wirst Du mir einmal Gnade erweisen, und ich werde nicht imstande sein, Dir gebührend zu danken – darum muß ich es jetzt tun.

Rabbi Baruch von Mesbiz

Ins Paradies   [200]

Herr der Welt, mir ist bewußt, daß ich keinerlei Tugend und Verdienst habe, um derentwillen Du mich nach meinem Tode ins Paradies unter die Gerechten versetzen könntest. Aber willst Du mich etwa in die Hölle in die Mitte der Bösewichter setzen, so weißt Du doch, daß ich mich mit ihnen nicht vertragen kann. Darum bitte ich Dich, führe alle Bösen aus der Hölle, dann kannst Du mich hineinbringen.

Rabbi Abraham Jehoschua Heschel von Apta

Goldverklärt in Deinem Reich   [201]

Gott, wo bist Du?
Ich möchte nah an Deinem Herzen lauschen,
mit Deiner fernsten Nähe mich vertauschen,
wenn goldverklärt in Deinem Reich
aus tausendseligem Licht
alle die frühen und die späten Brunnen rauschen.

Else Lasker-Schüler

Wunder aller Wunder   [202]

Es geht alles auf der Erde seinen Gang nach uralten Regeln. Wenn's Frühling wird, schmilzt das Eis, und wenn einer bös ist, tut er Böses. Doch keine Regel und kein Gesetz kann uns den Traum verwehren, daß einmal all dies Getriebe in Asche zerfällt, und Du, o Herr, spielerisch und sinnlos, groß und gewaltig, daß sie neu er-

blühe unter Deinem Hauch, das Wunder hinfahren läßt über die
Erde! Ich träume, daß Du einmal, einmal nur in winterlicher Land-
schaft, zwischen Schnee und Eis, einen rotblühenden Baum erstehen lässest, daß einmal, einmal nur aus der Erde hervor, zu unseren Füßen, himmlischer Gesang ertönt, daß alles staunt und fragt:
Woher der himmlische Gesang? – und alles lacht und ruft: sehet,
aus der Erde hervor, zu unseren Füßen, der himmlische Gesang! –
daß einmal, einmal nur in einer Nacht die Sterne am Himmel tanzen, und einmal, einmal nur eines Tages der Böse das Gute tut!
Wie wär' die Welt so rein, wie wär' die Welt, wie wären wir so
ganz Dir hingegeben Kinder auf Deiner flachen Hand, täglich neu
beschenkt, staunend mit großen Kinderaugen und fröhlich, daß
immer Wunder durch die Lüfte fliegen!

Wie herrlich wär's, wäre Dein Wille durch Deine Taten in die Welt
geschrieben! Denn sieh, es ist die Erde eine dunkle Schlucht, und
es wanken die Menschen oder schleichen zwischen Abgrund und
Abgrund, zwischen Kampf und Kampf. Sie wollen das Gute und
tun das Böse, sie tun das Böse und bereuen es, sie denken und
zerfleischen sich und sind voller Irrtum und voller Lüge. Und alles
hat seinen Grund und hat seine Ursache, auch das Böse hat seine
Ursache, auch die Lüge hat ihre Ursache, auch der Irrtum hat seine
Ursache, und alles geht seinen Gang nach uralten Regeln und Gesetzen. Doch ich bete um ein Wunder, bete um viele Wunder, einen Regen, einen Strom von Wundern, der sich niedergießen möge über die Menschheit! Möge doch endlich dem Bösen, der sie
zum Schlag erhebt, die Hand erlahmen, möge doch endlich der
Mensch, der den Mund auftut zum bösen Wort, mit Stummheit
geschlagen werden, möge doch endlich dem Schuldlosen und Reinen ein Engel, weiß und freundlich vom Himmel niederflatternd,
einen Kranz aufs Haupt setzen! Käme doch endlich die Welt aus
ihrem Geleise! Laß sie, o Herr, Schauplatz sein für neues und anderes Geschehen! Ach, ich wollte, die Welt wäre umhaucht vom
Wunderbaren, umweht vom Unerklärlichen, durchbebt vom Un-
begreiflichen, ewig durchflattert vom geheimnisvollen Flügel-
schlag des Unerwarteten! Ah, ich wollte, sie wäre durchzittert vom
Hauche anderer, vom Atem aller Welten, die im Umkreis Deines

Atems sind, daß auf unfaßbaren Wegen Geister eines anderen Daseins, fröhliche Gestalten aus den Himmeln uns besuchen! Und
dann, an einem großen Tag erscheint, umstrahlt von Flammen
und von Feuern, in rätselhaften Fernen golden Dein Thron. Siehe,
das Wunder aller Wunder! Wir schauen und schauen, bis er, um-
wallt von Nebeln voller Duft und Farbe, in noch rätselhafteren Fernen ins Unsichtbare versinkt!

Sieh, es ist die Welt nur ein Getriebe, und es ist der Mensch sein
Herr und sein Besitzer und ist doch nur Chaos und Sklave seiner eigenen Verderbnis! Greif ein, o Herr, und laß Wunder hinwehen
über die Erde, greif ein, o Herr, laß Glocken klingen aus jenseitigen
Welten, greif ein, o Herr, mit Deiner zauberhaften Hand, daß alles
stille steht, und daß der Mensch auf seinem Weg einhält in seinem
Schritt und in die Knie sinkt und seine Arme hebt und ruft: sehet,
ein Wunder von zauberhafter Hand! Greif ein, o Herr, daß diese
Welt, aus ihrer Bahn gebracht, so immer neu, so reich und bunt
ein Ding nur sei für Deine göttlichen Spiele und Spielball für Deine
göttliche Phantasie. Laß, o Herr, Wunder erstehen, greif ein, o
Herr, in dieses Chaos und ewige Getriebe! Du hast die Macht, o
Herr – laß eines Tages allenthalben Frühling sein oder alle Dinge
auf der Erde hüpfen und tanzen oder nicht nur eine, nein, zwan-
zig, dreißig, hundert Sonnen am Himmel stehen, oder laß an ei-
nem Mittag, wenn der Himmel blau und grün und rot und in allen
Farben leuchtet, und Sonne, Mond und Sterne sich über unseren
Häuptern zu lustigen Gruppen aufstellen, die Bäume mit ihren
Wurzeln sich erheben und in der Luft schweben, von fern her Mu-
sik ertönen und der Menschen Brust sich öffnen und aus jeder
Brust einen Engel, weiß und fröhlich, auf zum Himmel steigen! –
Doch, ach, es geht auf der Erde alles seinen Gang. Ach, Herr, man
weiß, was war, und weiß, was kommen wird, und kann nur träu-
men von Deiner unbegrenzten Macht, und niemals lässest Du, der
Du die Regeln schufst, sie aus! Verleugne Dich, o Herr, und schaff
Dich neu! Denn, ach! Ich bin müde der uralten Regeln und Gesetze, aller Ursachen und Gründe und bete um Wunder unter Posau-
nenschlag und unter Donner und Blitz!

Paul Kornfeld

Du Ewigkeit   [203]

Sieh, Herr, die Toten kommen zu Dir.
Die wir geliebt, sind allein
und sehr weit.
Nun müssen wir ihre Munde sein
und beten zu Dir,
Du Ewigkeit.

Nimm ihr müdes Herz in die gütige Hand.
Da wird es still.
Eine Schwalbe, die ihre Heimat fand
und schlafen will.

Auf ihre Augen, die müde vom Licht,
leg Dein Kleid,
daß sie träumen von Deinem Angesicht,
Du Dunkelheit.

Ihre Lippen laß schweigen, wie Glocken von Erz
zur Mittagszeit,
wenn die Stunden schlugen, und Abschied und Schmerz
eine Mutter verzeiht.

Und ihre Hände, die immer bereit,
Dein Werk zu tun,
o Gott, Du ewige Erntezeit,
laß sie ruhn.

Wir aber leben und dürfen nicht
die Tage versäumen.
Wir tragen geduldig das schwere Gewicht zu Deinen Träumen.

O Herr, die Lebenden kommen zu Dir,
Die wir geliebt, sind allein.
Wir finden sie nicht.
Du aber wirst die Erleuchtung sein.
Du Licht.

Georg Kafka

Ich glaube, ich glaube, ich glaube [204]

Ich glaube, ich glaube, ich glaube
ehrlich, unerschütterlich und fromm,
daß der Messias komm':
An den Messias glaube ich,
und wenn er auf sich warten läßt,
glaub' ich darum nicht weniger fest.
Selbst wenn er länger zögert noch,
an den Messias glaub' ich doch.
Ich glaube, ich glaube, ich glaube.

Volkslied aus dem Warschauer Ghetto

Abkürzungen

B = M. Buber, Werke, 3 Bde., München-Heidelberg 1962-
     1964.
G = L. Goldschmidt, Der babylonische Talmud, I-X, Berlin 1929-
     1935.
M = J. Maier, Die Texte vom Toten Meer, I, München 1960.
R = P. Riessler, Altjüdisches Schrifttum außerhalb der Bibel,
     Augsburg 1928.
SB = H. L. Strack u. P. Billerbeck, Kommentar zum Neuen Testa-
     ment aus Talmud u. Midrasch, I-IV, München 1922-1928.
SC = E. Schubert-Christaller, Der Gottesdienst der Synagoge,
     Gießen 1927.
Z = L. Zunz, Die synagogale Poesie des Mittelalters, Frankfurt
     1920.

Quellen und Notizen

Die biblischen Texte werden in der Regel nach der katholischen Einheitsübersetzung wiedergegeben; auf Ausnahmen wird ausdrücklich hingewiesen. Wo es notwendig erschien, wurde die Wiedergabe der Texte der heutigen Rechtschreibung angeglichen. Die Schreibweise der Namen richtet sich nach I. F. Oppenheimer (Hg.), Lexikon des Judentums, Gütersloh 1967.

[1] Jes 45,15-25.

[2] Ps 100,1-5.

[3] Gebet Abrahams, in: Jubiläenbuch (Wiedererzählung der biblischen Urgeschichte), 12. Kap.,19f. (2. Jh. v. Chr.; Palästina), Ü: R 573.

[4] Lied Abrahams, in: Abraham-Apk, 17. Kap., 7-17 (wohl essenisch), Ü: R 26f.

[5] Gebet um Deutung einer Vision, in: Baruch-Apk, 54. Kap., 8 u. 11-13. (1. Jh.; syrisch), Ü: R 90f.

[6] Talmud, Abot IV 22, Ü: C. Schedl, Talmud Evangelium Synagoge, Innsbruck - Wien - München 1969, 180f.

[7] 1 QH XI, 5-8, Ü: M 102f.

[8] Morgen- und Nachtgebet, Salomo ibn Gabirol bzw. neuerdings Gaon R. Hai zugeschrieben, Ü: SC 8f.

[9] Ü: SC 10.

[10] Vor dem Morgenschema, dem Bekenntnis der Einzigkeit Gottes, gebetet, Ü: SB I, 398.

[11] Mittelalterlicher Hymnus, Ü: R. Otto, Das Heilige, München [35] 1963, 209-212.

[12] Sepher Jezira 1, V, in: A. Rosenberg, So spricht die Kabbala, München - Planegg 1954, 8. Das Buch Jezira ist das älteste Werk der Kabbala(= „Überlieferung")-Mystik; vor dem 6. Jh. in Babylonien.

[13] Das Buch Sohar (= „Lichtglanz") ist das Hauptwerk der mittelalterlichen Kabbala-Mystik; der Zusatz Tikkune (= „Verbesserungen") entstand um 1300. Der zitierte Text wird als Gebet Elias vorgestellt; in: K. Wilhelm (Hg.), Jüdischer Glaube, Bremen 1961, 268 und 269.

[14] Josse ben Josse, der älteste mit Namen bekannte liturgische Dichter (5. – 7. Jh.), Ü: Z 130.

[15] Mose ben Maimon (1135-1204), der bedeutendste jüdische Gelehrte des Mittelalters, formulierte die hier wiedergegebenen 13 Glaubenslehren des Judentums in seinem Kommentar zur Mischna, Traktat Sanhedrin X, 1. In vielen Riten leitet man mit diesem Text das tägliche Gebet ein, in: N. N. Glatzer u. L. Strauss (Hg.), Sendung und Schicksal, Berlin 1931, 176f.

[16] Jehuda Halevi (ca. 1080-1145), Dichter und Religionsphilosoph, Ü: F. Rosenzweig, in: K. Thieme, Dreitausend Jahre Judentum, Paderborn 1960, 82.

[17] Meir ben Baruch aus Rothenburg (ca. 1220-1293), angesehenster deutscher Rabbiner des Mittelalters, im Gefängnis gestorben. Ü: Z 312.

[18] Israel ben Mose Najara (1555-1625), in: Gebetbuch der jüdischen Reformgemeinde in Berlin, Berlin [2]1902, 219f.

[19] Schneur Salman von Ladi (Weißrußland), genannt „der Raw" (1746-1812), Schüler des „großen Maggids", nach M. Buber (B III 388).

[20] Nelly Sachs, geb. 1891 in Berlin; 1966 Nobelpreis für Literatur, in: Fahrt ins Staublose. Die Gedichte der N. Sachs, Frankfurt [2]1966, 229.

[21] Karl Wolfskehl (1869-1948), Die Stimme spricht (1934), in: Gesammelte Werke, I, Hamburg 1960, 146.

[22] Arnold Schönberg (1874-1951), Psalmenfragment op. 50c, in: P. K. Kurz (Hg.), Psalmen vom Expressionismus bis zur Gegenwart, Freiburg 1978, 77f.

[23] Man fand diese Sätze in Köln an der Wand eines Kellers, in dem sich ein unbekannter Jude vor den Nazis versteckt hatte; nach J. Oesterreicher, Die Wiederentdeckung des Judentums durch die Kirche, Meitingen 1971, 42.

[24] Lobgesang Hannas, der Mutter Samuels, 1 Sam 2,1-10; vgl. das Magnifikat Mariens Lk 1,46-55.

[25] Ps 99,1-9.

[26] Gebet des Manasse, 1-7, 11-15; wohl im 2 - 1. Jh. v. Chr. entstanden. Ü: R 348f.

[27] 1 QH I,26-31, 17: G. Molin, Lob Gottes aus der Wüste, Freiburg und München 1957,19f.; vgl. M I 73f.

[28] Baruch-Apk 75,1-5; (syrisch) 100-130 entstanden: R 103.

[29] R. Hamnuna, (Babyl.) Talmud, Joma 87 b. Ü: G III 261.

[30] Sog. Keduscha (= „Heiligung") aus dem Morgengottesdienst, Ü: C. Schedl, Talmud Evangelium Synagoge, Innsbruck - Wien - München 1969, 347f.

[31] Ü: SC 29.

[32] In: K. Wilhelm (Hg.), Jüdischer Glaube, Bremen 1961, 69.

[33] Überleitung zur Keduscha (vgl. Anm. 31), Ü: SC 70.

[34] Sog. Mussaf (= „Zusatzopfer"), im Anschluß an das Morgengebet, Ü: SC 77f.

[35] Sog. Selicha (= „Vergebung"), Bußgebet, Ü: SC 56f.

[36] Ermahnungs-Selicha, Ü: Z 155f.

[39] Ermahnungs-Selicha, Ü: Z 157f.

[38] Salomo ben Jehuda ibn Gabirol (gen. Avicebron), Dichter und Philosoph (ca. 1020-1058) in Spanien. Das Gebet ist seinem Hauptwerk „Königskrone" entnommen, in: Schalom Ben Chorin, Der unbekannte Gott, Berlin 1963, 32.

[39] Ephraim ben Isaak (13. Jh.) aus Regensburg, Ü: Z 254f.

[40] Arnold Schönberg (1874-1951), unter dem Titel „ Ein moderner Psalm No 2" am 25. Dezember 1950 aufgezeichnet, in: P. K. Kurz (Hg.), Psalmen vom Expressionismus bis zur Gegenwart, Freiburg 1978, 78.

[41] Richard Beer-Hofmann (1866-1945) Jakobs Traum, Frankfurt 1956, 58f.

[42] Arthur Silbergleit (1881-1943 [in Auschwitz]), unter dem Titel „Hiob" (1934) in: M. Schlösser (Hg.), An den Wind geschrieben, München 1962,103.

[43] Ps 91,1-16.

[44] Ps 23,1-6.

[45] Psalm Salomos 15,1-6 (1. Jh. v. Chr., wohl pharisäischen Ursprungs), Ü: R 895f.

[46] 1 QH III,19-23, Ü: M 78f.

[47] Baruch-Apk 54,1-5 (1. Jh., syrisch), Ü: R 90.

[48] Benediktion nach dem Abendschema (vgl. Anm. 10), Ü: SB IV.1, 194.

[49] Kurzformel des sog. Achtzehngebets (vgl. Nr. 108 und 111) nach R. Acha (um 320), im Namen des R. Jehoschua ben Levi (um 250), Ü: SB IV 1, 217f.

[50] R. Jakob im Namen des R. Chisda († 309), Babyl. Talmud, Berachot 29 b, Ü: G I,130.

[51] L. Hirsch, Jüdische Glaubenswelt, Gütersloh 1962, 67.

[52] Ü: SC 19.

[53] In: Gebetbuch der jüdischen Reformgemeinde in Berlin, Berlin ²1902, 156f.

[54] Jehuda ben Balam (11. Jh. in Toledo), Ü: Z 227.

[55] Aus der „Königskrone" (vgl. Anm. 40), in: R. Otto, Das Heilige, Stuttgart ²1924, 36.

[56] Isaac Giat (12. Jh.), Ü: Z 131f.

[57] Jehuda Halevi (1080-1150) „An Gott", Ü: Emil Bernhard (Cohn), in: H. J. Schoeps (Hg.), Jüdische Glaubenswelt, Darmstadt 1953, 136.

[58] Ital.: Manoello Giudeo (ca.1268-1330, Rom), Ü: Z 319.

[59] In: A. Rosenberg, So spricht die Kabbala, München-Planegg 1954, 114f.

[60] Baruch von Miedzyborz, Enkel des Baalschem (1757-1811), Schriftdeutung aus seinem Buch „Strahlende Leuchte", in: K. Wilhelm (Hg.), Jüdischer Glaube, Bremen 1961, 300.

[61] Aus M. S. Feierberg (1874-1899), Frühlingsnacht in der Judengasse (1898), in: E. B. Gorion (Hg.), Der Mandelstab, Olten und Freiburg i. Br. 1963, 172.

[62] M. Rosenfeld (1862-1923), jiddischer Arbeiterdichter, „Lieder des Ghetto", Ü: E. Feiwel, in: K. Thieme (Hg.), Dreitausend Jahre Judentum, Paderborn 1960, 78.

[63] A. Joachimsthal-Schwabe (1892-1937), Gedichte, Hamburg o. J., 79.

[64] N. Sachs, Gebete für den toten Bräutigam, in: Fahrt ins Staublose, Frankfurt ²1966, 27.

[65] 1 Chron 29,10-13.

[66] Jes 63,7-16,

[67] Psalm Salomos 7,3-9 (1. Jh. v. Chr., wohl pharisäischen Ursprungs), Ü: R 888f.

[68] Aus dem 4. Buch Esdras, 6. (8), 7-19 (1. Jh.), Ü: R 282f.

[69] Ps: Philo 21,2 (wohl essenischen Ursprungs), Ü: R 776f.

[70] Apokalyptisches Siegeslied I QM XIV, 4-7, 10-13, Ü: M 142f.

[71] Lobspruch vor dem Morgenschema, Ü: SB I, 397f.

[72] Einleitung zum Werktags-Morgengottesdienst, Ü: SC 9f.

[73] In: M. Zobel, Das Jahr der Juden, Berlin 1936, 24f.

[74] Auszug aus den „sieben Segenssprüchen" nach dem deutsch-polnischen Ritus, in: M. Zobel, Der Sabbat, Berlin 1935, 155f.

[75] Im Wechsel von Vorbeter und Gemeinde gesprochenes Bußgebet, in: H. J. Schoeps (Hg.), Jüdische Geisteswelt, Darmstadt 1953, 18f. (vgl. SC 17f.).

[76] Ü: Z 165f.

[77] Benjamin ben Serach, der fruchtbarste Selicha-Dichter (11. Jh.), Ü: Z 178

[78] R. Meir, wahrscheinlich im 11. Jh. in Frankreich, Ü: Heller, in: W. Gundert, A. Schimmel, W. Schubring (Hg.), Lyrik des Ostens, München 1952, 24-26; vgl. Z 42f.

[79] Mose ben Samuel, im 12. Jh. in Deutschland, Ü: Z 247.

[80] R. Levi Jizchak v. Berditschew (1809) war ein Schüler des „großen Maggids". Die Teffilin sind Gebetsriemen, die von den Männern beim Werktagsmorgengebet am linken Arm (gegenüber dem Herzen) und an der Stirn getragen werden. Auf jedem Riemen befindet sich ein Kästchen mit vier Bibelworten; in: B III, 342.

[81] K. Wolfskehl (1869-1948), An den alten Wassern, in: Ges. Werke, I, Hamburg 1960, 51.

[82] L. Schmidl (geb. 1904), Flüchtlinge beten (1934), Für André Dumas, in: M. Schlösser (Hg.), An den Wind geschrieben, München 1962, 108.

[83] A. Nadel (1878-1943 [Auschwitz]); in: K. Otten (Hg.), Schofar, Lieder und Legenden jüdischer Dichter, Neuwied 1962, 112.

[84] Ps 145, 1-21.

[85] Weish 11,20-12,1, Ü: P. Riessler.

[86] Henochbuch (äthiopisch), Kap. 84,2f. (1. Jh. v. Chr., wohl essenisch), Ü: R 418.

[87] Testament des Isaak, 4,24-31 (essenisch beeinflußt), Ü: R 1140f.

[88] Baruch-Apk 21,4-10 (1. Jh., syrisch), Ü: R 67f.

[89] 1 QH X, e-12, Ü: G. Molin, Lob Gottes aus der Wüste, Freiburg-München 1957, 46.

[90] (Palästinensischer) Talmud, Berachot 4,7 d, in: H. J. Schoeps (Hg.), Jüdische Geisteswelt, Darmstadt 1953, 319; vgl. SB III, 323.

[91] R. Abba Areka gen. Raw, um 175-247 in Babylon; sein Alenugebet wird etwa seit 1300 am Schluß des täglichen Gottesdienstes gesprochen; in: N. N. Glatzer u. L. Strauss (Hg.), Sendung und Schicksal, Berlin 1931, 342f.

[92] Im Talmud (Berachot 60 b) überliefertes Morgenlob, in: R. Mayer (Hg.), Der Babylonische Talmud, München 1963, 495f.

[93] 1. Benediktion des altjüdischen Tischgebetes, in: L. Hirsch, Jüdische Glaubenswelt, Gütersloh 1962, 69f.; vgl. SB IV, 2, 631f.

[94] Einer Legende nach wurde dieses Gebet von Petrus verfaßt, der sich im Interesse der Reinerhaltung des Judentums aufopferte. Ü: SC 26f.

[95] In: R. R. Geis, Vom unbekannten Judentum, Freiburg 1961, 107f.

[96] Aus dem Gottesdienst vom Vorabend des Jom Kippur, in: Gebetbuch der jüdischen Reformgemeinde in Berlin, Berlin ²1902, 151f.

[97] Aus dem Nachmittagsgottesdienst, Ü: SC 80f.

[98] Vgl. Anm. 38; Ü: Z 224f.

[99] Vgl. Anm. 16, in: Gebetbuch der jüdischen Reformgemeinde in Berlin, Berlin ²1902, 200.

[100] Abraham der Engel (1776), ein Sohn des „großen Maggids", in: B III, 234.

[101] Schmelke von Nikolsburg (1778), ein Schüler des „großen Maggids", sprach dieses Gebet am Versöhnungsfest so, daß „jeder das Wort aus der eignen Herzenstiefe wiederholte". In: B III, 308.

[102] Israel, „der Maggid von Kosnitz" (1814). Gojim (Plural von Goi = „Volk") meint die Nichtjuden. In: B III, 410.

[103] In: H. Gollwitzer, K. Kuhn, R. Schneider (Hg.), Du hast mich heimgesucht bei Nacht, München 1954, 379.

[104] Lied des Maurers, der „mauert, singt und pfeift", aus: Eli. Ein Mysterienspiel vom Leiden Israels, in: N. Sachs, Gedichte, Zürich o. J.,127f.

[105] Ps 42,2-6.

[106] Ps 139,1-18.

[107] Baruch-Apk 14,8-13 (1. Jh., syrisch), Ü: R 63f.

[108] Israelisches Hauptgebet, dessen Wurzeln bis in die alte Tempelliturgie reichen. Es wird stehend gesprochen. Ü: R 7-10.

[109] 1QH IX, 11-14, in: G. Molin, Lob Gottes aus der Wüste, Freiburg-München 1957, 44.

[110] Der zitierte Rabbi ist vielleicht identisch mit R. Tanchum ben Abba (um 380), Ü: SB IV,l,235.

[111] Eine Kurzform des Achtzehngebets, in: R. Mayer (Hg.), Der Babylonische Talmud, München 1963, 491 (Berachot 29a); vgl. Nr. 49 und 118.

[112] Einleitung zum Werktags-Morgengottesdienst, Ü: SC 10.

[113] „Furchtbare Tage" nennt man das Neujahrs- und das Versöhnungsfest. Sie stehen im Zeichen des Gottesgerichtes und sind besonders der Besinnung und Buße gewidmet. Ü: SC 58f.

[114] Ermahnungs-Selicha, Ü: Z 157.

[115] Vgl. Anm. 38, Ü: S. Heller, in: W. Gundert, A. Schimmel, W. Schubring (Hg.), Lyrik des Ostens, München 1952, 24.

[116] Meschullam ben Kalonymos, Talmudist und liturgischer Dichter (11. Jh. in Mainz), Ü: Z 130f.

[117] Vgl. Anm. 16, Ü: Z 235f.

[118] Ü: E. Bernhard (Cohn), Jehuda Halevi, ein Diwan, Berlin 1921, in: H. J. Schoeps (Hg.), Jüdische Geisteswelt, Darmstadt 1953, 135.

[119] Abenesra od. Abraham ibn Esra (1092-1167), in: A. M. di Nola, Gebete der Menschheit, Düsseldorf 1963, 211f.

[120] Aus dem kabbalistischen Werk Megillat Amrafel von Abraham ben Elieser Halevi (ca. 1460-ca. 1530), Ü: G. Scholem, in: N. N. Glatzer u. L. Strauss (Hg.), Sendung und Schicksal, Berlin 1931, 308f.

[121] In: G. Scholem, Die jüdische Mystik in ihren Hauptströmungen, Frankfurt 1957, 63.

[122] Das „Dudele", nach mündlicher Überlieferung, in: N. N. Glatzer u. L. Strauss (Hg.), Sendung und Schicksal, Berlin 1931, 51; vgl. B III, 331.

[123] Mose von Kobryn (1858), in: B III 558. Buber führt seine Lehre auf drei seiner Sprüche zurück: „Ihr sollt ein Altar vor Gott werden", „Es gibt kein Ding in der Welt, in dem kein Gebet wäre" und „Wie Gott unendlich ist, so ist sein Dienst unendlich" (B III 127).

[124] St. Zweig (1881-1942), Schlußgesang des „Jeremias", Leipzig 1923, in: R. R. Geis, Vom unbekannten Judentum, Freiburg 1961,153.

[125] A. Joachimsthal-Schwabe (1892-1937), Gedichte, Hamburg o. J., 80.

[126] a. a. O. 82.

[127] R. Freund, Gedichtband, 1942 als Manuskript gedruckt, in: M. Schlösser (Hg.), An den Wind geschrieben, Darmstadt 1960, 132.

[128] Ps 33,1-22.

[129] Weish 9,1-6.9-11.13-17.

[130] 4. Buch Esdras, 6. (8.), 20-25 (1. Jh.), Ü: R 283f.

[131] 1QS XI,15-22,Ü: M 45.

[132] Im Anschluß an das Schema, das Bekenntnis der Einzigkeit Gottes, gebetet; in: C. Schedl, Talmud Evangelium Synagoge, Innsbruck - Wien - München 1969, 378.

[133] Teil der Haftara (= „Verabschiedung"), des Abschlusses der Tora-Vorlesung am Sabbat, in: SB IV, l, 169.

[134] In: M. Zobel, Das Jahr der Juden, Berlin 1936, 36.

[135] Vgl. Anm. 113, Ü: SC 53f.

[136] In: R. R. Geis, Vom unbekannten Judentum, Freiburg 1961, 121.

[137] Salomo ben Jehuda (10. Jh. in Griechenland), Ü: Z 167f.

[138] Mose Chasan ben Abraham (14. Jh. in Griechenland), Ü: Z 329f.

[139] Salomo von Karlin (1792), in: B III 401.

[140] A. Nadel (1878-1943 [Auschwitz]), in: J. Höxter, Quellen-

buch zur Jüd. Geschichte und Literatur, V, Frankfurt 1930, 104.

[141] Vgl. Anm. 124, in: J. Höxter, a. a. O. 107.

[142] F. Werfel (1890-1945), Gedichte, Berlin 1927, 417.

[143] K. Wolfskehl (1869-1948), Die Stimme spricht (1934), in: Gesammelte Werke, I, Hamburg 1960, 129.

[144] Ps 111,1-10.

[145] Tob 13,1-10.

[146] Psalm Salomos, 8,29-40, Ü: R 890f.

[147] Baruch-Apk 48, 2-24 (1. Jh., syrisch), Ü: R 82-84.

[148] Midrasch zum Hohenlied 2,16, in: A. Neher, Moses, Hamburg 1964, 150.

[149] QH VII, 6-15, O: M 91f.

[150] Schlußbenediktion nach dem Morgenschema, in: SB I 398; vgl. IV, 1,193.

[151] Tischdank am Sabbat (gekürzt), in: H. J. Schoeps (Hg.), Jüdische Geisteswelt, Darmstadt 1953, 24.

[152] In: R. R. Geis, Vom unbekannten Judentum, Freiburg 1961, 49.

[153] I. Iannai, einer der ältesten liturgischen Dichter (7. Jh. oder früher), Piut zu Ex 14,14, Ü: M. Spitzer, in: R. R. Geis, a. a. 0. 53.

[154] Vgl. Anm. 17, Ü: F. Rosenzweig, in: K. Thieme, Dreitausend Jahre Judentum, Paderborn 1960, 110.

[155] Simcha ben Samuel (12./13. Jh. in Speyer), Ü: Z 267f.

[156] Jehuda, nicht näher bekannter Dichter des 12. Jhs., Ü: Z 260.

[157] Ephraim ben Jakob, 1133 in Bonn geboren, lebte in Worms, Ü: Z 262.

[158] J. Michal (1786) war ein Schüler des Baalschem, in: B III, 268.

[159] J. L. Gordon (1830-1892), Ü: A. Schimmel, in: W. Gundert, A. Schimmel, W. Schubring (Hg.), Lyrik des Ostens, München 1952, 31.

[160] M. Susmann (1874-1966), Aus sich wandelnder Zeit, Zürich 1953, 161.

[161] Ps 19,2-12.

[162] Ps 130,1-8.

[163] Gebet der Eva, Moses-Apk n. 32, Ü: R 150.

[164] Asenaths Gebet aus dem Buch Joseph und Asenath 12. Kap. 1-5 und e (wohl essenisch), Ü: R 510f.

[165] 1 QH XI, 29-32, Ü: M 105.

[166] Schluß eines Segensspruches, (Babyl.) Talmud, Berachot I, IV; Ü: G I 40f.

[167] Ende eines Gebetes, (Babyl.) Talmud, Berachot II, VIII; Ü: G I 60; vgl. SB I 114. Raba ben Josef war (im 3./4. Jh.) der Begründer einer babylonischen Gelehrtenschule.

[168] (Palästin.) Talmud, Berachot 7 d, in: F. Heiler, Das Gebet, München ⁵1923, 365. Chija der Große war Gesetzeslehrer (im 2. Jh.).

[169] Nach dem deutsch-polnischen Ritus, 20. Jh., in: M. Zobel, Der Sabbat, Berlin 1935, 154f.

[170] Lied am Torafreudenfest zum Umzug mit allen Torarollen in der Synagoge,1; Ü: SC 44f.

[171] Benediktion vor dem Abendschema, in: SB IV, 1, 193f.

[172] Salomo (12. Jh.), Ü: Z 250.

[173] Vgl. Anm. 16, in: Gebetbuch der jüdischen Reformgemeinde in Berlin, Berlin ²1902, 217f.

[174] Vgl. Anm. 39, Ü: Z 256.

[175] Itiel (12./13. Jh. in Deutschland oder Italien), Ü: Z 289f.

[176] Wohl 13. Jh., Ü: Z 304.

[177] Jesaia ben Mali (12./13. Jh. in Italien), Ü: Z 300.

[178] Israel von Rizin (-1850), in: M. Buber, Die chassidischen Bücher, Berlin 1927, 550f.

[179] M. Herrmann-Neisse, Letzte Gedichte, Hg. v. Leni Herrmann, London 1942, 138.

[180] Jes 40,10f. 13-17.

[181] Ps 96,1-13.

[182] Psalm Salomos 17,1-6. 18-46. 48-51 (1. Jh. v. Chr.), Ü: R 897-901.

[183] Ps Sal 18,1-9; Ü: R 901.

[184] I QS X,16-20; Ü: M 42.

[185] (Babyl.) Talmud, Berachot 16 b, in: N. N.

Sendung und Schicksal des Judentums, Köln 1969, 114; vgl. G I, 71.

[186] Midrasch Tehillim zu Ps 36,10; in: H. J. Schoeps (Hg.), Jüdische Geisteswelt, Darmstadt 1953, 69. Jochanan bar Nappacha schuf im 3. Jh. in Galiläa die Grundlagen für den palästinensischen Talmud.

[187] In: K. Wilhelm (Hg.), Jüdischer Glaube, Bremen 1961, 62.

[188] Aus dem Montags- und Donnerstagsmorgengottesdienst nach dem deutsch-polnischen Ritus, in: M. Zobel, Das Jahr der Juden, Berlin 1936, 48.

[189] Kaddisch am Montag und Donnerstag, Ü: SC 19f.

[190] Tischgebet am Neujahrsfest, in: H. J. Schoeps (Hg.), Jüdische Geisteswelt, Darmstadt 1953, 26.

[191] Piut vom Sabbat der Pesach-Woche, Ü7: SC 39.

[192] Ü: SC 65.

[193] Ermahnungs-Selicha der Bußzeit, Ü: Z 162f.

[194] Salomo ben Jehuda (10. Jh. in Griechenland), Ü: Z 169.

[195] Gen. Raschi (1105), Ü: Z 181.

[196] R. Amnon (12. Jh.) aus Mainz, in: J. P. Asmussen u. J. Laessae (Hg.), Handbuch der Religionsgeschichte, II, Göningen 1972, 199f.

[197] Frau Glückl, Wwe. u. Mutter von acht Kindern (1645-1724), schrieb 1690 in Jiddisch das Memoirenbuch Denkwürdigkeiten der Glückl von Hameln; in: N. N. Glatzer u. L. Strauss (Hg.), Sendung und Schicksal, Berlin 1931, 336f.

[198] Levi Jizchak von Berditschew (1809), Ü: F. Rosenzweig, in: R. R. Geis (Hg.), Vom unbekannten Juden, Freiburg 1961, 28f.

[199] Baruch von Mesbiz (1811), Enkel des Baalschem; in: B III 208f.

[200] Abraham Jehoschua Heschel von Apta (1825), m: B III 502.

[201] E. Lasker-Schüler (1876-1945), Dichtungen und Dokumente, München 1951, 208.

[202] P. Kornfeld (1889-1942), Gebet um Wunder, in K. Otten (Hg.), Schofar. Lieder und Legenden jüdischer Dichter, Neuwied 1962, 222-224.

[203] G. Kafka, (1921-1944 [KZ Schwarzheide]), Totengebet,

1943 in Theresienstadt verfaßt, in: M. Schlösser (Hg.), An den Wind geschrieben, München 1962,128f.

[204] In: J. Wulf, Vom Leben, Kampf und Tod im Ghetto Warschau, Bonn 1958, 40. (deutsche Nachdichtung im Anschluß an den 12. Abschnitt der 13 Glaubenslehren nach Mose Maimonides; vgl. Nr. 16).